イスラームを知っている中田考先生に、
灘高で同級の勝谷誠彦が教えてもらった!

日本一わかりやすい イスラーム講座

勝谷誠彦 コラムニスト　中田 考 イスラーム法学者

アスコム

はじめに

まさかイスラームとこんなに付き合うことになるとは思わなかった。

酒呑《の》みの私としてはどちらかといえば敬して遠ざけたい人々である。イスラームの国々にちょぼちょぼと行っては、苦労して酒を手に入れていた。とはいえ、手には入ったし、サハラのオアシスなどで定時になるとアザーン（礼拝への呼びかけ）が聞こえてくるのはいいなあなどと感じていたものである。

しかしやがて、真剣に向かい合わなくてはいけなくなった。湾岸戦争のときだ。

まず、エジプトに入った。「こういうぬるいイスラームもあるのか」とちょっと感動した。なにしろ国産のビールがあるんだからね。しかし、そこから前線に行こうと思ってサウジアラビアのビザをとろうとすると、峻厳《しゅんげん》なる壁にぶつかった。このとき、私はイスラーム教徒に改宗しようとまで思ったのだが、とても無理だった。

このぬるさと厳しさは何なのか。私がイスラームというものに向かい合った最初の体験である。今ではよくわかる。中国の人口を上回る人々がイスラーム教徒なのだ。そこにはさまざまな「厳しさ」の違いがあって当然だ。

そういうことを教えてくれたのが中田考くんであった。私の母校である灘高校の同級生である。現役時はあまり会話をしていない。ただ変人として識《し》られてはいた。今でも同窓会で「中田と最近仕事をしてるんや」と言うと「冬でもTシャツの中田か」という反応だ。私はよく覚えていないがどうもそうだったらしい。

こういう人脈とは面白いものであって、イスラーム国（ＩＳＩＬ）で日本人の拉致殺人事件があったときに、テレビに出ている中田くんを見たのである。それがきっかけで「話、しよか」となった。彼にとって冬でもTシャツで過ごすのとイスラーム法学者として生きているのは、おそらく同じことなのだろう。尊敬する。

まことに久しぶりに会って、サンテレビで対談をした。対談するうちにこれは掘り尽くせぬ宝石の鉱山だと感じた。もっともっと彼の持っているものを知りたい。彼は自分の宝石がよくわかっていない。このあたりが中田くんの中田くんたるところで、自分のポジションが見えていないのである。だから日本国の公安もわからないというか、むしろあきれている。むろん、彼は公安事案に関連してなどいない。「善意」でイスラーム国に渡航したいという青年を助けようとしただけだ。

イスラームでは「神父」はいない。尊敬されるのは「学者」である。どうやって『クルアーン』を解釈するかだ。日本国でそれができるのは中田考くんをおいてまずいない。

彼と話していてその思考の深さに感動するとともに、『クルアーン』とはこうやって読むものなのかと、改めて考えた。『聖書』を読んでいる方は『クルアーン』も読んだ方がいい。しかしこれはなかなか難しい。でも、それも読まずにイスラームについてどうこうは言えないと思う。

この本である。まことに難しい対話であった。だって一人は斯界《しかい》の権威だし、もう一人は全くの素人である。しかし素人だから聞けることもあったのかなあとは少し思う。読んでくださっている方々のほとんどは素人なので。

灘高の「天才」が、灘高で下から二、三番の劣等生に噛んでむくめて話してくれた。我が校には、こういうよい伝統があるのである。

もしこの本にいくらかでも感じることがあれば、ぜひ「沙漠《さばく》」に行ってほしい。それはイスラエルであってもヨルダンであってもいい。シリアとイラクはやめた方がいい。国に迷惑をかけるのでね。あの沙漠の中に立ちつくして『聖書』（できれば旧約）と『クルアーン』を読むのである。私がこれまでの人生でできた幸せのうち、ささやかな幸せの二つはそれだと言っていい。

そしてその前後にぜひ、エルサレムとアラブのどこかの街に行ってほしい。

「なんでケンカしているの？」

「同じ沙漠の民じゃないの？」

これは、日本人でないとなかなかわからない感覚を味わえるだろう。これだから日本国は中東において真ん中のポジションをとれるのです。

次の旅行は、中東はいかがですか。それも旅行社が作るようなものではなく。エルサレムで車を借りて、私はドカーンと死海まで行った。その後ネゲブ沙漠を走った。車を返してヨルダンに行った。こんな旅もいい。何よりも「中東を識る」ことになると思う。

そう、イスラームは行ってみないとわからない。アザーンを朝、聴いてみないとわからない。それと「違和感」の両方があってようやく異文化がわかるのである。

今回のこの本も「耳学問」です。しかし、ないよりはいい。読者の百人にひとりでもこれを読んでイスラーム圏に行ってくれると嬉しいし、中田考くんの他の著作を読んでほしい。

やってみないとわからないのですよ。これは、あらゆる文化圏を歩いた私のひとつだけ言えることだ。特にイスラームは。

そんなに排斥されることはない。ビールはあるし肉もある。だけどその地の人に敬意を払う。これは旅の基本だとも思うけどなあ。

行こう、イスラーム、酒持って（笑）。

勝谷 誠彦

もくじ

一時限目
イスラームの人たちは、みんな好戦的なんですか？

二時限目 「イスラーム国」事件の真相を教えてください

三時限目

イスラーム教の何が魅力なんですか？

四時限目

イスラームの人たちの考え方は、我々とどう違うんですか？

五時限目

ユダヤ教やキリスト教と何が違うんですか？

六時限目

イスラームは本当に世界を乗っ取るんですか？

一時限目

イスラームの人たちは、みんな好戦的なんですか？

イスラームについて正しく語れるのは、日本で一人しかいない

勝谷　二〇一四年から二〇一五年の年明けにかけて、イスラーム国（ＩＳＩＬ）の動向が日本でさかんに報道されるようになった。私はそんな報道に接するたびに、数々の疑問が頭を駆けめぐった。**イスラーム国って何だ。イスラーム教を代表しているのか。なぜ、各地でテロや人質事件を起こしているのか。なぜ、そんなグループに海外から参加しようとする人たちがいるのか。**

私はその頃から、この混沌《こんとん》とした状況や謎を説明できるのは、イスラーム法学者「中田考」しかいないと思っていた。というのは、中田くんと私は、私立灘高校の一九七九年卒業の同級生で、古い知り合いである。あの学校は一学年に男ばっかり二二〇人くらいしかいなくて、しかも中高一貫で六年間一緒だから、学年全員がお互いのことをよく知ってい

る。そんな中でも中田くんは極めつけの変人であり天才だった。

中田　私は劣等生ですよ。勝谷くんは、高校一年生ながら生徒会長をやったりして、有名人だったけれど（笑）。

勝谷　我々の出会いに関しては後ほど改めて語るとして、そんな極めつけの変人、中田くんは、一九八四年に東京大学の文学部イスラム学科を卒業し、その後、東大の大学院を経てカイロ大学に学んだ。続いて約二年間、サウジアラビアの日本大使館で専門調査員を務めていたこともある。ね、変人でしょ。

そして実は、この**日本でイスラームの専門家というのは非常に少ない**。五本の指で数えられるくらいでしょう？　なおかつ中田くんは、自身がイスラーム教を信仰する敬虔《けいけん》なムスリム（「アッラーに絶対帰依《きえ》する者」を意味するアラビア語。イスラーム教徒のこと）である。こんな人間は**日本に中田考一人しかいない**。そこで、この際だから**イスラーム国による一連の事件だけでなく、これさえ読めばイスラーム教やイスラーム世界についてわかる、理解できるという本を二人で作りたいと考えた**わけです。

中田　わかりました。できるかぎりわかりやすく、深く理解できるように説明してみましょう。

勝谷　まずは、イスラーム国に関する報道の流れから簡単に整理してみましょう。発端は二〇一四年の六月です。イラクとシリアの一部で残虐でありかつ組織的な武装集団が台頭し、それが「イスラーム国」（ISIL：Islamic State in Iraq and the Levant＝イラクとレバントのイスラーム国）と国を名乗っていると報道され始めた。しかも彼らは油田を押さえ石油を密輸しているので資金が潤沢《じゅんたく》だとか、デジタル技術を駆使した宣伝活動で主にヨーロッパから若い兵士を取り込んでいるらしいとか言われた。

中田　はい。まずはユーチューブを使った彼らの宣伝活動が、日本人の目を引いたのだと思います。

勝谷　イスラーム国関連の話題は、NHKからネットのニュース、さらにはワイドショーに至るまで、うるさいくらいに報道されました。しかし、基本的にはなにしろ遠い中東での出来事なので、ほとんどの日本人はまさに対岸の火事だととらえていた。

そして、八月一六日にシリアのアレッポで湯川遥菜《はるな》さんが拘束され、その翌日には、ユーチューブに彼がイスラーム国兵士から暴行を受けるシーンがアップされた。それでも、湯川さんが民間軍事会社を経営しているとかミリタリーオタクだとかいう些末《さまつ》な情報ばかりが流れて、多くの人はちょっと変わった人が危ないところに行っちゃったんだろうくらいに感じていただけだったように思います。

中田　彼には、私も後に間接的にかかわることになりますが、やはり非常にわかりにくい人でしたね。

勝谷　ところが、年が明けて二〇一五年一月七日にフランスのパリで、風刺週刊誌を発行している「シャルリー・エブド」本社がイスラーム過激派と見られるグループに襲撃され、編集長や風刺漫画の担当者、コラム執筆者など一二名が殺害されるという事件が起きた。いわゆる「シャルリー・エブド襲撃テロ事件」です。これでもう、対岸の火事なんて言っている場合じゃないぞという雰囲気になるわけです。

中田　パリでテロが起きるなら、東京や京都で起きても何の不思議もないと思ってしまう。

勝谷　そして一月二〇日にはジャーナリストの後藤健二さんが拘束され、湯川遥菜さんと共に「七二時間以内に身代金の支払いがないと二人を殺害する」という動画が流れた。これでまさに、日本人はケツに火が点いた状態になりました。

中田　同時に**イスラーム国とイスラーム教徒全体が混同され、誤解も受ける**ようになりました。

勝谷　そこも、本書の重要なテーマです。テレビのワイドショーなどではしきりに「イスラーム国とイスラーム教は違います」「本来のイスラーム教徒はもっと平和的な人たちです」と言っていたけれど、では**どのように違うのか。平和的なイスラーム教徒の中からなぜイスラーム国のようなモンスターが生まれてしまったのか。**ここを説明してくれる人は誰もいない。ですから本書を読めばそれらすべての疑問が解けるという話をこれからしていきたいと思っています。

イスラームの人々は、本当に過激で戦闘的なのか？

勝谷　そこで一時限目は、この本のイントロダクションとして、素朴な疑問をいくつか提示して答えていただき、まずはざっくりとイスラーム世界の全体像をつかみたいと思います。第一の質問は、イスラームの人たちのメンタリティについてです。

我々の感覚からすると九・一一の、飛行機でビルへ突っ込んでいくというオサマ・ビンラディン率いるアルカーイダによる自爆テロから始まって、今回のイスラーム国の件では人間の首を斬《き》って殺害したり、ヨルダン人パイロットに至っては焼き殺している。非常に物騒な、常軌を逸《いっ》した人たちというイメージがある。

これはどうなんでしょうか。よく言われるように、こういうことをするのはごく一部の者なのか、あるいは**イスラーム教徒には、もともとそういう過激なメンタリティがあるんでしょうか？**

中田　そのへんのことを説明する前に、まず、大まかな誤解だけを解いておきたいと思います。第一に、九・一一の自爆テログループは犯行前にパブで酒を飲んでいたという事実があります。ご存じのように**イスラーム教では飲酒は固く禁じられていますので**、彼らが真面目《まじめ》なイスラーム教徒であったかは大いに疑問がありますし、そもそも**イスラーム教では、自殺は禁じられています。**

処刑の方法に関しては各国さまざまです。日本は絞首刑、アメリカは電気椅子。どれが残酷かは各民族の文化、感じ方によって違うでしょうから、こんな殺し方だから残酷だとは一概に言えません。ただしひとつだけ言っておくと、**イスラーム教徒が異教徒と戦争をする場合、相手を焼き殺すことは固く禁じられています。**これらはイスラームの教典や死生感にも繋《つな》がる重要な点なので、三時限目以降で詳しく語らせてください。

勝谷　わかりました。中田くんから見ると、そんなテロ集団がイスラーム教を代表するかのような見方が間違っているというわけですね。イスラーム国については、後々じっくりと聞きましょう。

イスラーム世界には、そもそも国家という概念がなかった

勝谷　それでは、質問の方向を変えます。我々の世代は学生時代に世界史の授業で十字軍

というものを習いました。あれはキリスト教徒がイスラーム圏に攻め込んでいった。だからイスラームは攻撃された側なので、我々はイスラームに対して戦闘的なイメージをずっと抱いてなかったのです。ところが九・一一で一八〇度変わった。「えっ、イスラームってこういうことをやる人たちなんだ」と思った人も多かったと思います。

中田　九・一一以降、アルカーイダに始まって今回のイスラーム国に至るまで、どんどん過激化しているというイメージを持たれていると思います。

勝谷　では、そこから聞きましょう。イスラームの人々は、ある時期から好戦的になったということなのか。もともとそういうマインドはあったのか？

中田　イスラーム世界のマインドやメンタリティというものを理解するためには、それが形作られた歴史的、地理的背景を知っていただく必要があります。というのは、私たち日本人や西洋人が現在、国際社会について考えるとき、どうしても、今ある国と国との対立や結びつきで考えてしまいます。**国家という単位で考えてしまう**んですね。まずはそこを外して考えてもらわないと、なかなか理解できない。**もともとのイスラーム世界には、そもそもその国家という概念がなかった、あるいはあったとしてもとても希薄だった**のです。

勝谷　ここでいう国家とは、近代以降に成立した「国民国家」ですね。読者の中にはその「国民国家」という概念自体がわからない人もいるかもしれない。日本人にはわかりにくい。そこを先に説明してもらえますか？

中田　**「国民国家」とは、「領域」と「国民」、そして「主権」、この三点が揃ってはじめて成り立つ国のこと**を言います。

勝谷　**はっきりした国境で仕切られた「領域」があって、そこに暮らす「国民」がいて「主権」が確立された国家**ということですね。この「主権」というものも、実は明確には知らない人も多いのでこの際説明しておきましょう。

私の友人で一緒に本も出している憲政史家・倉山満さんはこう定義しています。「主権」とは国際法上で言えば「外国の干渉を排除する力」であり、憲法学的には「その国を絶対的に支配する力」という意味です。日本は「国民主権」ですから、国民が国を絶対的に支配します。だから選挙によって国民が選んだ政権に権力を委《ゆだ》ねるわけですね。王様や貴族や官僚が動かす国とは違うということになります。

「国境」は、西欧列強の帝国主義者が勝手に線を引いて造り上げた

中田　ここで私が申し上げたいのは、**「国民国家」という概念が作り上げられたのは、実はかなり最近のことなんです。**

勝谷　「国民国家」とは、一六世紀から一七世紀のヨーロッパにあった「絶対王制」に代わって生まれてきた国家体制ですね。

中田　それはあくまでヨーロッパでの話で、アジア、アフリカ、中東、南米ではもっと後です。世界全体で「国民国家」が続々と生まれてきたのは第二次世界大戦以降です。なぜそういう国家体制が生まれてきたかというと、その根本には西欧列強による植民地化があります。**帝国主義の列強が植民地としていた領域が、戦後独立して国家になったから**なんです。そして中東からアフリカ、そしてインドネシアなどのアジアまで、イスラーム教の

国々というのはほとんどそのようにできたものなのです。

勝谷　世界地図を見てもらうと、中東やアフリカ諸国の国境が不自然なまでに直線的なことに気づくと思います。不自然で当然、西欧列強が無理やり引いた国境なんだから。

中田　そういう歴史的背景があるので、イスラーム世界には国家という概念がとても希薄なわけです。

勝谷　イスラーム世界において「国家」とは、ヨーロッパの帝国主義者たちが勝手に線を引いて造り上げたものなんだ。だから、古くからそこに住み続けている人たちにとっては「自分の国家だ」という意識が希薄であると？

中田　小さな王国が乱立した時期もありますし、ウマイヤ朝やササン朝ペルシャなど、巨大な王朝時代もありますが、それらは現在の「国民国家」とはかなり違ったものです。

勝谷　国家の概念がない、薄いというのは、遊牧民ということも関係がありますか？

中田　大いにあります。遊牧民とは家畜と共に一カ所に定住することなく、居住する場所を移動しながら主に牧畜を行って生活する人々ですから、「ここが私の土地だ」という意識がありません。言ってみれば「土地は皆のもの」です。

勝谷　日本には「一所懸命」という言葉があります。人はひとつの土地を苦労して耕《たがや》して生きることが美徳とされる。これは農耕民族特有の発想です。だから地べたに線を引いたり柵を作ったりして、「ここは俺の土地だ」と主張したくなるわけだ。

中田　エジプトなどは農耕社会ですから一概には言えないのですが、それでも広大な沙漠が続く土地ですから、日本の感覚とはかなり違います。また、イスラーム教の開祖ムハンマドは現在のサウジアラビアの商業都市マッカ（メッカ）で生まれますが、成人した後は商人となってシリアへ行商に行ったりします。そのように交易も盛んな土地ですから、国境というものの考え方も現在の私たちの感覚とはかなり違っていたんです。

勝谷　先ほど倉山満さんの定義で、「主権」とは国際法上では「外国の干渉を排除する力」と言いましたが、そのためには「領域」がはっきりしていなくてはならないわけです。ゆえに「国境」というものがとても重要になる。だから、時々竹島や尖閣諸島に関して、「あんな辺境の孤島に何の意味があるんですか」なんて非常識なことを言う人がいて困るんだけど、「国境」とは国家を構成する重要な根幹のひとつなんです。

中田　それは日本がまさに近代的な「国民国家」だからなのです。**「国境」とは、「国民国

家」という概念とセットになって初めて効力を発揮するものなんです。ところが一方、「国民国家」という概念がもともとなかったイスラーム世界では、あまり意味がない。

勝谷　こういうふうに言うことは可能ですか。イスラーム世界とは根本的に、「国民国家」に代表される西欧風の近代化とは相反する存在である。彼らは近代化したいなんてこれっぽっちも思っていなかったところを、西欧に無理やり近代化を迫られたのだと。

中田　西欧列強による植民地には、多かれ少なかれそういう側面があるでしょう。それはイスラーム世界に限らず、アジアでもアフリカでもそうでしょう。列強にはやはり**「野蛮な連中を近代化させてやるんだ」という、実におせっかいなメンタリティがある**ような気がします。

勝谷　確かにそうとでも考えないと、北米大陸におけるネイティヴ・アメリカンの大虐殺から、我が国の東京大空襲、広島・長崎の原爆投下までが説明できない。日本は結果、日本国憲法を押し付けられ、日米安保条約を結ぶことによって「近代化」させられてしまったわけですが、イスラーム世界にはイスラーム国をはじめ、そういう列強による強制的な近代化に抵抗している連中がいると考えることもできますか？

中田　そうですね。しかしイスラーム世界の一方には、サウジアラビアやクウェートにいる一部の権力者や金持ちのように、アメリカやヨーロッパのオイルマネーと結びつきたいがため、近代化を快く受け入れた人たちもいます。それも歴史の事実なんです。

勝谷　そう考えると、イスラーム国の事件がしきりに報道されていた頃、テレビではイスラーム国の勢力図が映し出されて、イラクとシリアにかけてアメーバのように、ガン細胞のように広がっていた。彼らイスラーム国の国家観というのは、まさに前近代のイスラーム世界の縮図になっている、実は本来の自然な形なんだ。

六世紀に現れ、わずか三〇年で世界の三分の一を征服した

中田　そこまでご理解いただけたところで、イスラーム世界のおおもとの成り立ちをごく簡単に説明したいと思います。

「国家」や「国民」という概念が希薄だったところに、紀元六世紀、ムハンマドという人が現れて、広大なアラビア半島の大半を、彼一代でほぼ統一します。そして彼の死後、ムハンマドの弟子たちによってわずか三〇年ほどの間に、今の国名で言えば、東はアフガニスタン、北はシリア、イラク、西はエジプトからアルジェリアまで、広大な領土が征服されるわけです。

勝谷　少しだけ補足しましょう。ムハンマド・イブン＝アブドゥッラー（五七〇年頃〜六三二年）。我々の世代は学校で「マホメット」と習いました。これは英語読みを日本語にしたもので、最近はアラビア語の発音に近づけようと「ムハンマド」と言うようになっています。本書でもムハンマドでいきます。それにしても**わずか三〇年で当時の世界の「文明圏」のほぼ三分の一がイスラームになってしまった。**これは本当に凄まじい出来事だ。

中田　これもまた、国家という概念が希薄だったり、現在の国家感とはかなり違った上での出来事なのです。つまり私たち現代人の感覚からすると、まるでアラブ人やシリア人やペルシャ人やギリシャ人などの国家というものが多数あって、それぞれに国民がいて、そこを次々と征服したように見えるんだけど、実はそんなことはない。特に中東というのは、もともと多民族が共存しているところですから、そこには単に**支配者と被支配者がいただけ**なんです。基本的には**税金を取る人間と取られる人々**です。しかも税金と言っても、近代国家的なものとはかなり違います。

勝谷　要はヤクザの「みかじめ料」みたいなもんでしょう?　「この辺りは俺たちが守ってやるからお前らは税金を払え」と。

中田　まさに「みかじめ料」です。そういう**「みかじめ料」を取っていた支配者たちがいて、支払っていた人々がいた。**そのような土地に、ある日イスラーム教という宗教が生まれます。これも三時限目以降で詳しく述べていきますが、イスラーム教とは単なる宗教の域にはとどまらず、極めて政治的であり、人々の生活・習慣までに及ぶ教えです。そんなイスラーム教が、「みかじめ料」を取る取られるという関係だった人々の中に、どんどん入り込んでいったのです。

勝谷　そのイスラーム教以前の中東社会というのは、どういうイメージとしてとらえればいいんでしょうか。小さな部族が乱立していたという感じですか。

中田　もともと**中東には部族制度というものが社会の基本にある**わけですが、それをいっ

たん壊して、**部族への忠誠心よりもイスラームへの忠誠心を誓わせるという形になってい**
ったんです。一方の抵抗する側ですが、これはエジプトの社会とイランの社会とアラビア半島は違うんだけれど、まず先ほど言ったように、エジプトは基本的に農村社会です。そして今のイランとアラビア半島あたりは部族が中心になります。

勝谷　つまり遊牧民の社会ですね。

中田　遊牧民の社会ではあるんですが、アラビア半島には、歴史的に見ると時々王国ができる。基本的には遊牧の民が小さな部族を構成しているんですが、そこにカリスマ的なリーダーが現れると、王国ができるんです。それ以外のときには分裂して部族になっているという構造です。ただし、イランは少し違う。あそこはペルシャですから、ペルシャ帝国の長い伝統がある。

勝谷　これは意外に知っている人が少ないんですが、**イラン人はペルシャ人で、アラブ人ではない**んです。イランというのは「アーリア人の国」という意味です。アーリア人というのは「インド・ヨーロッパ語族」だ。だからイラン人は、他のアラブ人に対して優越意識を持っている。

イスラームは「剣かコーランか」ではない、「剣かコーランか税金か」が正しいのだ

中田　現在のイランにあたる地域では、ペルシャ帝国の支配下にある部族民たち、これらも遊牧民ですが、遊牧民の中の強い連中が、弱い人たちを支配しているという状況だったんです。これに対して、イスラーム軍が非常に公正な法の支配と安い税金で、我々につくか、それとも今の支配者につくのかという話で戦っていくわけです。だから、あっという間にほとんど民衆の抵抗なく、ペルシャ帝国は滅ぼされてしまう（紀元六五一年）。

勝谷　そういう国境という概念のない世界で、部族があって時々王国ができて、それがイスラームという巨大なシステムに呑《の》み込まれていった歴史があるわけだ。その、イスラームの公正な法の支配と安い税金というのは具体的にどういったものだったのでしょう?

中田　現在も変わりませんが、もともとイスラーム教徒には「喜捨《きしゃ》」の文化があります。

持てる者が困っている人のために施《ほどこ》しをすることをよしとする習慣です。

勝谷 それは喜捨すると、死んだ後に天国で報われるという考え方からですか？

中田 そうです。喜捨には「サダカ」と「ザカー」と二種類がありまして、「サダカ」は「自由喜捨」、「ザカー」は「制度喜捨」です。ムハンマドの時代には、神に仕《つか》える者の徳目として自由な喜捨を推奨していたんですが、それが彼の死後、領土を拡大していく過程で義務になっていく。これが「ザカー」。義務としての喜捨ですから、税金です。

勝谷 それは異教徒を取り込んでいく過程で生まれていったわけですね？

中田 まさにその通り。よくイスラームは「剣かコーランか」、イスラームに改宗するか戦うかと他民族を脅して領土を拡大したと言われているけれど、実は違います。**税金さえ納めれば異教徒であっても、子々孫々まで永住権が得られる**としたんです。「剣かコーランか」ではなくて、正しくは「**剣かコーランか税金か**」なんです。

勝谷 そう聞くと、非常に短い期間にイスラーム圏が広がっていった理由がよくわかる。

中田 **イスラームは異教徒に対して非常に寛大**です。もっと言えばいい加減というか、フレキシブルなところがある。それで一気に広まった。実際、ある統計によると、イスラームの征服後百年たっても、エジプト・イラク・イランなどの住民のイスラーム教徒の割合は、一割を超えていません。異教徒は、自分たちの信仰を維持していたのです。

結局、攻め込まれた側は剣かコーランか税金か、この三種類を選ぶことになります。**一、徹底して戦うのか。二、イスラーム教に改宗するのか。三、税金を払って異教徒のまま生活するのか。**戦う場合も、彼らには国と戦っているという意識はないわけです。

勝谷　国という概念がないわけだから、そうなりますね。その中には降伏して取り込まれていった部族もあったし、現在のイスラーム国のように徹底抗戦していく連中もいた。

中田　ですからヨーロッパとは、基本的に戦争というものの概念が違うわけです。

勝谷　しかも宗教が一緒だから、すごい勢いでつながっていって、民衆蜂起で巨大な帝国までが一気に壊れてしまうこともある。

中田　イスラーム社会というのは、基本的に反国家的なのです。先ほど申し上げたように、現在、中東やアフリカにあるイスラーム諸国というものは、第一次大戦以降の西欧列強による帝国主義政策によって植民地化されたものが、その後独立したものです。要するに**かなり無理やりに、西欧的な「国民国家」の枠組みに押し込まれただけのものですから、イ**

スラーム本来のあり方ではまったくないいんです。

勝谷　これはとても重要なポイントだ。我々日本人はイスラーム世界とヨーロッパ、イスラーム世界とアメリカの対立というと、イスラーム教とキリスト教という、相対する宗教同士がいがみあっているような感覚で見てしまうけど、決してそうではない。**「国境」というものを本来持たなかったイスラーム社会と、そこに西欧的な「国民国家」という概念を押し付けた勢力との対立**という構図がある。「国境」や「領域」というものにとらわれないイスラームの人々が、反国家的になるのはしごく当然のことなわけだ。

国の概念が脆弱だから、民衆が本気で立ち上がるとあっけなく転覆する

中田　そう考えると、国家とは、民衆を支配する装置だということがよくわかると思います。武力や物理的な力を背景に、民衆に政治的な目標を押しつけるんです。これは言って

みれば巨大な権力による暴力です。国と国が争えばそれは戦争になりますが、民衆が国家に抵抗すれば、それはゲリラであったりテロになったりする。**イスラーム世界では、古くからそのように遊牧民たちが支配者に対して抵抗してきた歴史があります。**しかし、それはヨーロッパや日本でも同じですよね。

勝谷　二・二六事件もテロだし、五・一五事件なんて青年将校たちが総理官邸に乱入して犬養毅《いぬかいつよし》を殺害したんだから、もうテロ以外の何物でもない。フランスのバスティーユ襲撃（フランス革命のはじまりとされる）も当然テロです。テロリストって、最近でこそ悪い意味だけど、昔はテロリストというのは割と尊敬の言葉だったわけだからね。

中田　マルクスとエンゲルスが『共産党宣言』の中で「暴力革命」と言ったように、革命とはテロですから。**成功すれば英雄ですが、失敗すると犯罪者になる。**単にそれだけなんです。ただし、イスラームでは国家意識が希薄だから、そのぶん国家が倒れやすいという傾向はあるんです。

勝谷　そう聞くと一九七九年の「イラン・イスラーム革命」なんていうのが、スッと理解できますね。あのとき、イランはアメリカの援助を受けて急激に西欧化して、だけどそのぶん貧富の差が拡大した。それを批判したホメイニ師は、追放されてフランスに亡命していたわけだけれど、フランスにいながらイランの民衆を決起させたら、パーレビ国王は簡単に追放されてしまった。

我々日本人から見ると、国家ってそんなに簡単に転覆しちゃうのって不思議なんだけど、そもそも国という概念が脆弱《ぜいじゃく》なんだ。だから**民衆が本気で立ち上がってしまうと、イスラームの体制というのは非常にもろい**わけですね。

中田 **ある程度以上の人々が立ち上がってしまうと、もう軍は手を出せない**んです。なぜなら、軍人もイスラーム教徒ですから、国というものに帰属しているという意識が西欧列強や日本などに比べると圧倒的に低いのです。

勝谷 そう考えると「アラブの春」（二〇一〇年一二月チュニジアにはじまり、アラブ世界に波及した）の、あのドミノ倒し的な広がりというのも実に理解できますね。あれも結果的には成功したり失敗したりしているけど、すべてイスラーム教の国だ。国というものが、もともと非常に壊れやすいんだ。

中田 イスラーム世界では、イスラーム教徒に限らず人々の帰属意識は、まず自分が属する部族であり、ついで宗教・宗派です。普通は同じ部族は同じ宗派に属しますので、人々は宗派に帰属する、と言ってもかまいません。

これが制度的に完成されたのがオスマン宗国の「ミッレト（宗派）制」で、人々はイスラーム教、カトリック、ギリシャ正教、アルメニア正教、ユダヤ教などのミッレト（宗派）ごとに自分たちの裁判所を持って自治を享有《きょうゆう》していたのです。そして、それらのミッレトの全体の調整者、統括者がオスマン朝カリフだったわけです。

新たなイスラーム世界を新たなカリフ制のもとで構築すべきである

勝谷　最後に、もうひとつだけお聞きしておきたいことがあります。それはイスラーム世界における「カリフ」という存在、また「カリフ制」という制度についてです。これは日本人のほとんどの人が知らないと言っていいでしょう。しかし、イスラーム世界にとってはとても重要なことですね。また、中田考はイスラーム法学者として、「カリフ制再興」ということを主張し続けています。

中田　はい、その通りです。

勝谷　しかし一方で、イスラーム国の最高指導者とされるアル＝バグダディという人物が、自らカリフを名乗っている。これはどういうことなんでしょうか。そもそも「カリフ」とは何なのか、それをまず教えてもらえますか？

中田　歴史的に説明するのが、わかりやすいと思います。先ほども申し上げたように、預言者ムハンマドはバラバラな部族社会であったアラビア半島を、彼一代でほぼ統一してしまいます。そして、ムハンマドと共に戦った直弟子たちによって、わずか三〇年ほどの間に、現在の国名で言えば東はアフガニスタン、北はイラン、イラクからシリア、西はエジプトからアルジェリアまでが大きな共同体として成立するのです。

これを私たちムスリムは、ダール・アル＝イスラーム（イスラームの家）と言っています。一般的にはイスラーム帝国と呼んだりしていますす。このイスラーム共同体の、ムハンマド亡き後の最高指導者、最高権威者の称号がカリフです。

勝谷　そのダール・アル＝イスラーム、イスラームの家とは、国家を超えた大きな国というふうにイメージすればいいのでしょうか？

中田　正確に言おうとすると難しくなるので、イスラーム教を信じる人たちを中心として、イスラームの法によって公的秩序が保たれる多民族多宗教が共存する法治空間、と考えてもらえればいいと思います。ちなみにイスラームとは、「帰依する」という意味です。唯一神アッラーに帰依するということです。またムスリムとは「アッラーに絶対帰依する者」という意味です。そしてもうひとつ大切なのは、「カリフ」とは「預言者の後継者」という意味を持つということです。

勝谷　ムハンマドが亡くなった後、彼の高弟が後継者になったということですね。

中田　預言者の親友で最古参のメンバーだった、アブー・バクルという人が「預言者の代理人」、初代のカリフとして指導者に選ばれました。以降、数々の紆余曲折はありましたが、二〇世紀になってオスマン帝国が滅亡し、後のトルコ共和国建国の父、ムスタファ・ケマルによってカリフ制は廃止されます。

勝谷　それ以来、イスラーム世界を統括する指導者は断絶しているということですね。そんな中にイスラーム国というものが現れて、アル＝バグダディという男がそれを引き継ぐのは自分だと主張している。

中田　アル＝バグダディの真意はわかりませんが、おそらくイスラーム世界を統括する正当な指導者は自分だと言いたいのでしょう。世界的に見れば現在、彼に同調するムスリムがどれほどいるかは疑問ですが。

勝谷　イスラーム世界、ダール・アル＝イスラーム（イスラームの家）とは、我々の考える国家を超えた、信仰によってつながった大きな共同体なんですね。かつては、それがカリフという指導者によって団結していたものが、断絶して以降バラバラになっている。

中田　最初に申し上げたように、第一次世界大戦以降、イスラーム世界は西欧列強によって植民地化されて分断されてしまいました。繰り返しになりますが、イスラームはそのような近代的な「国民国家」の在り方とは相容れないのです。ですから、もう一度かつての姿に立ち返って、それはもちろんイスラーム国のような暴力的で非道なやり方ではなく、**平和的にゆるやかな共同体をつくるべきではないか。そのために新たな「カリフ制」を模索していくべきではないか**、というのが私の考え方です。

二時限目

「イスラーム国」事件の真相を教えてください

中田考こそ、イスラーム国騒動をめぐる最も謎に満ちた登場人物だった

勝谷　一時限目では、イントロダクションとして、実に大雑把ではありますが、イスラーム世界の全体像を俯瞰《ふかん》してみました。そこで、宗教としてのイスラーム教やイスラームの人々のメンタリティについては、三時限目、四時限目以降で詳しく聞いていきますが、記憶が風化する前に、もう一度、イスラーム国（ＩＳＩＬ）に戻りたいと思います。

二〇一四年から二〇一五年の初頭にかけて起こった、いわば「イスラーム国事件」とでも言いましょうか、その騒動についてです。というのは、**中田くん自身がその登場人物のひとりでもあったから**です。

中田　その節はご心配をおかけしました（笑）。

勝谷　先に言いましたが、日本のメディアでイスラーム国の動向がさかんに報道され始め

たのは二〇一四年の七月頃からです。それが夏を過ぎ、秋にかけて益々ヒートアップしていくわけですが、その内容は非常に混乱していたり興味本位であったりして、また間違いも多かったように思います。

そこで私は、この状況を説明できるのは、灘高校時代の友人・中田考しかいないと考えた。そして私がMCを務める関西はサンテレビの番組『カツヤマサヒコSHOW』のゲストに出てくれないかと、中田くんにオファーをしたわけです。君は快く応じてくれたのだけれど、番組の収録直前に事件が起こります。

北海道大学の学生を兵士として、「イスラーム国」へリクルートしたという容疑で中田くんが公安から事情聴取を受けたのです。当時の新聞、二〇一四年一〇月六日の読売新聞の記事を引いてみましょう。

〈「勤務地シリア」、古書店の広告見て北大生連絡〉

〈人質殺害の映像をインターネット上で公開するなど国際社会の批判が高まっているイスラム過激派組織「イスラム国」に外国人戦闘員として加わろうとしたとして、警視庁公安部は6日、北海道大に在籍する男子学生（26）の東京都杉並区内の関係先などを刑法の私戦予備容疑で捜索した。

イスラム国には多数の外国人戦闘員がいるとされるが、日本人が参加する動きが明らかになるのは初めて。公安部は、イスラム国が日本でも外国人戦闘員の勧誘を進めている可能性があるとみて、実態解明を進める。〉

勝谷　同時に**イスラーム学者・中田考が、この北大生をイスラーム国の幹部に紹介、渡航支援をしようとした人物として浮上、同じく事情聴取と家宅捜索を受けたと報じられた。**このときが確か『カツヤマサヒコSHOW』の収録日の二日前くらいです。中田くんは携帯電話まで没収されていたから、局側は「連絡が取れない」と大騒ぎになった。まあ、私は律儀な君のことだから、必ず来てくれると確信していたけどね。

中田　事前に新幹線のチケットを局が送ってくださっていましたからね。ただ、携帯まで取られてしまったのは本当に難儀でしたが。

刑法の嫌疑をかけられながらでも、記者会見で言いたかったことがあった

勝谷　そんなわけで、番組は無事収録することができたわけですが、結局、君は北大生の事件で「シリアのアサド政権という〈正統政権〉に対する私戦の予備、陰謀の嫌疑」をかけられた状態になる。

そのまま年が明けて二〇一五年一月二〇日に、後藤健二さんが湯川遥菜《はるな》さんと一緒に拘束され、「七二時間以内に身代金の支払いがないと二人を殺害する」という動画がユーチューブにアップされた。そして**中田くんは、そんな嫌疑のかけられた状態にもかかわらず記者会見を開きます。**これが二日後の一月二二日です。会見前に配られた資料によれば、その目的は、

〈七二時間と限られた中で、一民間人ながら、一度は救出成功までいった中田氏として、自分ができることをしたい〉

この、「一度は救出成功まで」というのは、実は君は二〇一四年の八月、湯川遥菜さんの裁判通訳を乞われ、イスラーム国に入っている。これは後で詳しく聞きます。そして具体的な「自分ができること」として以下の五つの項目を挙げた。

・イスラーム国の人に話しかける。
・イスラーム国の人に日本人の考え方、平和。イスラーム教への差別、偏見はない。今の政権の動きだけで日本全体を判断しないでほしい。
・イスラーム国の思考についての中田氏自身のイスラーム法学者、ムスリム、また、イスラーム国の状況を直接見聞して得た情報、知識に基づく考え方の一助。
・人質救出の為に日本政府ができることの提案。

以上のことができるのは、まさにこの日本において中田考しかいなかったわけだけれど、残念ながら一月二五日には湯川さんが、そして二月一日早朝に、後藤健二さんが殺害されたことが伝えられた。

イスラーム国とのパイプは、どんな出会いから始まったのか？

勝谷　そこでまず聞きたいのは、君と**イスラーム国との関係**です。というのは私は、日本政府はイスラーム国と交渉のパイプを持っていなかったのではないかと睨《にら》んでいる。そして交渉の手段を持っていたのは、あのとき日本ではやはり中田考ただ一人しかいなかったのではないか、と。しかし政府は、君を使おうとはしなかった。それは政府の中に、あの中田という男はイスラーム国の手先なのではないか、国としてテロリストの仲間を交渉の仲介に使うわけにはいかない、という思いがあったのではないかと考えるわけです。

そこで聞きたい。まずは、君が連絡を取れる相手だった、イスラーム国の司令官、ウマル・グラバー氏との関係です。彼の名は会見の中でも出てきました。このウマル氏というのはどういう人なんですか？

中田　司令官という肩書きが、イスラーム国の中でどういう地位を示すのかは私にはわからないけれど、ともかくイスラーム国の中で唯一表に出ていた人です。日本のマスコミにも顔写真と実名入りでインタビューに答えているし、フェイスブックやツイッターのアカウントもありました。湯川遥菜さん殺害後にアカウントは閉じられてしまいましたが。

勝谷　知り合ったきっかけはどういうことから？

中田　二年ほど前だと思います、ジャーナリストの常岡浩介さんからの紹介でした。常岡さんは二〇〇〇年くらいから、チェチェン共和国やアブハジア（ジョージア西部、黒海沿岸に位置する地域）なんかを精力的に取材されていました。彼はその関係で、シリアに入って戦っているチェチェン人兵士たちに取材することができた。

そのグループからイスラーム国の司令官を紹介されたそうです。それがウマル・グラバー氏です。そうやってウマルさんと会っているうちに、ウマル氏が私と話がしたいと言い出したそうです。私は電話が苦手、というより嫌だったんだけれど（笑）、常岡さんが一緒におられるときに国際電話があって、そこで簡単な挨拶《あいさつ》を交わしたというのが最初です。

勝谷　それは、日本人のイスラーム法学者がいるということで、ウマル氏が話したいと？

中田　そういうことです。

勝谷　常岡くんとの付き合いが、まずありきだったわけだね。なぜ私が「常岡くん」なんて気安く呼んでいるかというと、彼は、私が創設した早稲田大学の「少女漫画研究会」の九年後輩にあたるんです（笑）。そんなことはともかく、君と常岡くんとの付き合いは長いよね。アフガニスタンにも一緒に行っているでしょう？

中田　二度ほど行っています。そこで一緒にタリバンとの調停などにもかかわったので、ウマル氏はそういったこともあって、私に連絡を取りたかったんだと思う。

勝谷　常岡くんとの出会いはどういうことで？

中田　最初は本当に偶然です。一〇年くらい前に、モスクワで行われた中央アジアの独立運動にかかわる国際会議に、私が招待されたんです。イスラームの専門家ということで。行ってみたら、それはチェチェン独立派の会議だったんですが、向こうの手配で用意されていたホテルの部屋に入っていたら、トントンとノックする人がいて、それが常岡さんだった。同室だったんです。それが最初です。彼の名前はもちろん、ジャーナリストとしての活動も多少は知ってはいました。その時点で彼はムスリムだったので。

勝谷 常岡くんもムスリムだった。二〇〇〇年くらいに改宗したという。そこで二〇一四年の八月、湯川遥菜さんに関する依頼がウマル氏からなされるわけだ。

解放の可能性があったのに、なぜ湯川遥菜さんを救えなかったのか？

中田 ある日突然、連絡が来たという感じでしたね。常岡さんの電話の後も、時々はスマホのアラビア語のトークアプリで情報を交換していたんだけど、そのときは何の前ぶれもなくいきなりだった。日本人ジャーナリストの裁判をやりたいんだけれどと言っていました。

勝谷　湯川さんを「ジャーナリスト」と言ったんだ？

中田　そのときはジャーナリストという言い方でしたね。裁判をやりたいから、アラビア語と日本語ができて、イスラームの知識がある人間に来てほしい、私に紹介してくれないかという依頼でした。でも、そんなことをできるのは私か私の弟子くらいしかいない。イスラーム国みたいな危険なところにまさか弟子は送れないので、私が行きましょうということになった。「ジャーナリストを連れてきてくれ」ということだったから、これはもう常岡さんしかいないと。それで二人で向かったわけです。

勝谷　今、聞くと非常に興味深いね。湯川さんは例の兵士たちから暴行されて詰問されている動画で、自分はジャーナリストだと言っているでしょう。とてもそうは見えないんだけれど。にもかかわらず、イスラーム国は彼の主張を尊重していた。そして第三者としてのジャーナリスト、つまり常岡くんになるわけだけれど、そういう存在も連れてこいと言った。その時点では、実に真っ当な、**公正な裁判をするつもりだった可能性が高い**。

中田　私もそう思います。そのとき**一番解放に近づいた**んです。彼らは公正な裁判をするんだと理解できた。湯川さんの場合、非常にまずい状況で捕まっている。よほど日本の事情をちゃんと説明しないと、死刑は確実なわけです。なにしろ彼は「ジャブハ・イスラミーヤ」（Jabhah Islamiyah）というイスラーム国の一番の敵の、一番憎まれている勢力と行動を共にしていたんです。しかも場所は戦場で、戦闘中に彼は武器まで持っていて捕まっちゃっているわけだからね。

勝谷　えっ、そうだったの？

中田　後藤さんとは違って、誘拐されたわけじゃないんです。

勝谷　戦闘員として捕まった。

中田　普通だったら、その場で殺されていてもおかしくはなかった。

勝谷　だから、ヨルダン人のパイロットとの交換という話も一緒に出てきたわけだ。

　湯川さんの真意がどうだったかはもはや知るよしもないけれど、武器を手にしているなんてのは、戦場ジャーナリストとして絶対にやってはいけない行動なんです。迷彩服やそれに近い服も着てはいけない。イスラーム国がどれほど理解しているかは疑問だけど、国際法上は、戦闘では戦闘服を着てない者を撃ってはいけないということになっている。ハーグ陸戦条約では「(交戦者は）遠方から識別可能な固有の徽章《きしょう》を着用していること」と明記されている。

中田　もっと言えば、イスラーム国というのは、我々が考える以上にインターネットに精通している。英語も含めて湯川さんの情報は流れているんです。だから、彼が民間軍事会社を経営しているとか、元航空幕僚長の田母神《たもがみ》俊雄さんと会っているなんてことまで知っている。

勝谷　そこまでいくと、その場で射殺されなかったのが不思議なほどだ。

中田　ひとつ幸いなことがあったとすれば、それは、彼が英語ができなかったことでしょう。イスラーム国は、裁判はちゃんとやるので、裁判をするのに言葉ができないのでどうしようもないという話だったんです。だから、私と常岡さんなら説明できるなと。あなた方は戦闘員と見たのかもしれないし、民間の軍事会社とうたっているけれども、実はそうじゃなくて、彼は日本には時々いるちょっと変わった人なんだと。

勝谷　あなた方には想像もつかないだろうけど、日本は平和なので、時々こういう人が現れるんですよ、勘弁してやってくださいと説明しようとした。二〇〇四年の四月に、ボランティアの女性とフリーカメラマンの男性、ジャーナリスト志望の未成年の少年がイラクで武装勢力に拘束されるという事件がありました。このときは、もっと日本中が大騒ぎになった。いわゆる「イラクの三馬鹿事件」です。彼らもそういう説明をして解放してもらった。

中田 そういう話ができれば、救われる可能性があった。たぶん、あの時点だったら、おそらくほとんど無償で解放されたと思うんです。

勝谷 しかしだめだった。なぜですか。その理由を聞きたい。

中田 まず日本の外務省が協力してくれなかった。当時、イスラーム国に入るにはトルコからシリアへ国境を越えるしかなかったから、知人を通して外務省に、トルコ政府に国境を安全に越えられるよう連絡してほしいとお願いした。というのは、私はその前、二〇一四年の三月に、シリアからトルコへ出国しようとしたときに銃撃されているので。

勝谷 撃たれたんだ！　それはトルコの国境警備隊に？

中田 後からわかったんだけど、自警団だった。夜で、いきなりサーチライトで照らされて。ただ、相手が持っていたのが猟銃だったので、ちょっと離れると当たらないんですよ。それでまあ、自警団だったから、二〇〇〇ドルほど取られて終わったんです。

だから、トルコ政府にトルコからシリアに入るのを妨害しないように要請してくれるようお願いしたんだけど、外務省は、湯川さんに関しては「情報の収集や救出の努力はしている。シリア国内は全土が退避勧告中なので行かないでほしい」との一点張りで、私の要求はほぼ門前払いでした。

勝谷　そのとき、すでにアメリカの空爆は始まっていたんだよね。

中田　イラク国内のイスラーム国支配地域では始まっていて、湯川さんが拘束されているのはシリア側だという情報だった。しかし、シリアで空爆が開始されるのも時間の問題だったから、もしも空爆が日常的に続くことになったら、解放交渉は困難になるだろうし、第一、湯川さん自身が空爆で死んでしまう可能性もある。

結局、外務省は何も動いてくれなかったから、私が自腹で航空券を手配したりして、日本を出国できたのはウマル氏の連絡から一週間も経ってしまっていた。にもかかわらず、私がトルコのイスタンブールに着いたとき、日本領事館のスタッフが二人待ち構えていたんです。そして「勝手にシリアに入国したら、安全は保障できない」と言った。

勝谷　役人がやりそうなことだな。つまり外務省としては責任を取りたくないと。

中田　私はその時点で、**外務省は湯川さんを見殺しにしたと言われても仕方ない**と思っている。

勝谷　それで、ウマル司令官には会えたの？

中田　会えました。日本の外務省からもトルコ政府からもサポートは受けられなかったので、私はイスタンブールから国境近くのガジアンテップまで移動した後、シリアに入国する移民たちのバスに乗り込むしかなかった。

イスラーム国に入っても丸一日ウマルさんに連絡は取れなかったんだけれども、でもやっと会うことができた。そのとき**ウマルさんは、「あなた方が来てくれたので、湯川氏を連れて帰ることはできるでしょう」と言ってくれた**んです。

勝谷　それはすごい。口約束とはいえ、イスラーム国の司令官が人質の解放を口にしたんだ。

中田　ところが、やはり一週間プラス丸一日のロスが命取りになった。シリア側でも、アメリカから情報提供を受けていると言われるシリア政府軍の空爆が始まって、湯川さんたち人質を拘束している責任者と連絡が取れなくなってしまった。結局、私は九月三日にイスタンブールに着いて、九月九日までイスラーム国で粘ったけれど、最終的にトルコに出国するしかなかった。一二日にアフガニスタン・イスラーム首長国（タリバン政権）の政治局のメンバーと会う約束があったからです。ウマル氏も不本意だったようです。

イスラーム国の司令官とはどんなやりとりをしていたのか？

勝谷　こう聞いていくと、二〇一五年一月二〇日、後藤健二さんが湯川遥菜さんと一緒に拘束され、「七二時間以内に身代金の支払いがないと二人を殺害する」という動画がユーチューブにアップされた、あの七二時間が、実にリアルに伝わってきます。中田くんはその人質ビデオ公開後、再びウマル氏とスマホのトークアプリを使ってメッセージのやりとりをした。ウマル司令官は〈時間はあまり残されていない。先生、イスラーム国は約束したこと（七二時間以内に身代金を支払わなければ人質を殺害すること）を執行するでしょう〉と言ってきたんですよね。

中田 私には、ウマル氏ができれば二人を解放したいと思っていたと感じられた。

勝谷 中田くんとウマル氏のやりとりを書き出します。

〈ウマル司令官：身代金の支払期限はもうすぐです。我々に重要なのはイスラーム国の条件を満たすこと。もし日本政府にとって捕虜が大切なら、急ぐことです〉

〈中田考：私個人としては日本政府に時間的猶予を与え、二人を解放してほしいです〉

〈ウマル司令官：先生、事態を理解してください。身代金支払い期限はもうすぐです〉

中田 「とにかく時間がないんだ」と繰り返し言われた。要するに「金を払う気があるのか」と。彼らの目的は金だったんです。私の印象としては、日本政府からの答えがないことに、イスラーム国は苛立っていた。

勝谷 しかし、官邸も外務省もヨルダンのルートを使おうとした。そこで完全に、イスラーム国との直接交渉は一切無視したわけです。日本政府は「テロリストとの交渉はしない」という、国際的なコンセンサスから逃れられなかった。そして一月二四日、湯川さんが殺害されたとする映像が配信されると、ウマル氏は中田くんに以下のメッセージを伝えてきた。

〈先生、理解してください。我々としてはできる限りのことをやったんだけれども、上の命令なので、私にはこれ以上のことができなかった。非常に残念です〉

中田　以来、ウマル氏からのメッセージは一切途絶えました。しばらくしてトークアプリのアカウントも消えた。

「北大生のイスラーム国渡航計画事件」の真相はこれだ！

勝谷　そこでもう一度、北大生のイスラーム国渡航計画事件に戻りたい。というのは、中田くんは「私戦予備罪」ということで、公安から事情聴取と家宅捜索を受けた。このことがあったので、後藤さんと湯川さん解放に関して、政府は中田考＝ウマル司令官のルートを使わなかったのだと考える見方が、一部のマスコミにはあった。

繰り返しになりますが、ぶっちゃけて言えば、「中田って奴はイスラーム国の手先だ」「テロリストの仲間なんだ」と。だから「あんな奴の言うことは信用できるか」と考えたのではないか。そこでこの際、真相を語ってほしい。件《くだん》の北大生とは、どうやって知り合ったんですか？

中田　あの事件に関しては、実は真相なんて大げさなものは何もないんです。その北大生の彼とは、ツイッターで知り合った。だから、そういうネット内だけの付き合いなら五年ほどあるけれど、決して親しい関係ではなかった。もともとは、向こうが私をフォローしてきて、私の方はフォローしてない、その程度の関係です。ただし、なぜ彼が私をフォローしてきたかというと、私と相互フォローしあっている共通の知り合いがいて、それが「大司教」と呼ばれる人なんです。

勝谷　「大司教」とはハンドルネーム（ネットワーク上で活動するときに用いられるニッ

クネーム）だ。その名前が、マスコミでカルト宗教的に扱われてしまったひとつの原因だろうね。

ここで事件のあらましを説明しておこう。二〇一四年の四月頃に、ＪＲ秋葉原駅近くの古書店に一枚のチラシが張り出された。これが事の発端。そこには〈求人　勤務地シリア詳細、店番まで〉とあって、その求人広告を出したのが古書店の関係者で、それが「大司教」なる人物。当時、以下のように報道されていた。

〈「この古書店関係者は、周囲から『大司教』と呼ばれている人物。東大理学部数学科を中退した秀才で、『アジト』と称したシェアハウスを杉並区などで運営していた」（捜査関係者）。この「アジト」には、北大生も含めた「大司教」のシンパが集団生活していたという〉（インターネットサイト「ＴＯＣＡＮＡ」より）

勝谷　また、当時ジャーナリストの岩上安身氏のインタビューに答えて、あなたはこう発言しているよね。

〈中田氏「ツイッターで五年前くらい前の始めたての頃、知り合いから紹介された『悪質クラスタ』という変な集団がいた。『ダイシキョウ』と、『ホワセプ』というハンドルネームの数学者らが『悪質クラスタ』の中核でした。『大司教』は三〇歳くらい。古書店も『悪質クラスタ』のアジトの一つ。『ホワセプ』くんが例の捕まった北大生です。彼はもうイスラム教徒に入信しています。IS（イスラム国）に入るためにはイスラム教徒であることは自己申告制で、特に洗礼なども必要ありません。国境検問所でも、パスポートも見ない。本来イスラムに国境もありません」〉

「大司教」が率いていた怪しい集団の正体とは？

勝谷 こう引用していくと確かに怪しい（笑）。で、求人に応募してきたのが渦中の北大生、ハンドルネームが「ホワセプ」くんだと。そして、彼を実際にシリアに渡航させるため、「大司教」が中田考に橋渡しを頼んできた。

中田　そういうことです。

勝谷　あなたは「大司教」に会ったことはあったの？

中田　数えるほどですけど。最初は二年ほど前ですかね、「ダールルフダー」という、シリアやアフガニスタンに学校を作るという、そういう支援組織がありました。私はそれに少しかかわりがあったものだから、ツイッター上でやりとりをしているうちに、その集まりに行こうという話になった。それで駒込だったか、トルコ料理屋さんで会合があって、そこで初めて会った。

勝谷　「大司教」というのは何者なんですか。数学者？

中田　何とも説明しがたい人なんですが、基本的には数学者であり宗教家です。非常に頭のいい人で、まあ天才です。東大を中退したそうです。「ホワセプ」くんも優秀な人です。彼も数学者ですね。

勝谷　「ホワセプ」くんにも、そのときに会った？

中田　会ったのは、彼がイスラーム国に渡りたいと言い出してからです。もともと「ホワセプ」くんはツイッター上で「死にたい」というようなことを言っていた。彼らは高機能広汎性発達障害というコミュニケーション障害の人たちなんです。「大司教」もそうです。

勝谷　そういう、**頭はいいけれど社会には適応しにくい若者たちが、ツイッターを通じて知り合い、シェアハウスで共同生活をする。**まさに現代の象徴的な関係性という感じがするね。で、実際にイスラーム国は日本でも兵士のリクルートをしていたわけ？

イスラーム国は日本でも兵士のリクルートをしていたのか？

中田　それはまったくない。公安がそう考えていたとしたらまったくの勇み足だし、そういう報道があったとしたら誤報です。

詳しく説明するとこうです。「大司教」は東大を中退した人だと言いましたが、在学中は「戦史研（東京大学戦史研究会）」というサークルに入っていた。戦争の歴史を勉強するサークルです。

やはり二年ほど前だったと思いますが、東大の駒場祭で、その「戦史研」の企画でシリアの内戦の話をしてくれと言われて、それで私が呼ばれたわけです。そのときは「ホワセプ」くんは来ていませんでしたが、シリアで外国から「ムジャーヒディーン」に参加する人が来ていた。そこでは、だいたい月四〇ドルくらいもらえて、それで生活ができるんだというような、いろいろな話をしたわけです。

勝谷 「ムジャーヒディーン」というのは、イスラーム義勇軍だね（「ジハードを遂行する者」を意味する）。

七〇年代の後半、ブレジネフ時代のソ連がアフガニスタンに軍事侵攻したとき、突然、神を信じない共産主義者が侵入してきたということで、イスラーム教徒たちが決起した。周辺国のイスラーム教徒の若者たちも参戦する。この中にオサマ・ビンラディンもいた。

中田 「ムジャーヒディーン」というのは、とても定義が広いんです。だからシリアでもそうやって生活している人がいるよと、そういう話を私がしたので、それで「大司教」が求人広告を出したんですね。

勝谷　ちょっと待って。じゃあ、イスラーム国の求人という話は最初から存在しなかったということ？

中田　そうです。ただ二年前はシリアでという話が、二〇一四年にはイスラーム国ができていたというだけの話です。

勝谷　しかし、その「ホワセプ」くんなる若者を、イスラーム国に紹介したのは確かなんだよね。

中田　いいえ、違います。最初、彼はまだムスリムではなかったので、非ムスリムでも入れる自由シリア軍を勧めたんです。それからムスリムになるということで、ジャーナリストの鈴木美優さんがコネのあるヌスラ戦線や鵜沢佳史さんが従軍したジャイシュ・ムハンマド（ムハンマド軍）はどうか、と言った。でも、やはりイスラーム国に行きたいというので、ウマル司令官を紹介したのです。信頼できるイスラーム国の人間を紹介せずに行かせたら、後藤さんのように捕まって殺されてしまう危険が大きいからです。

だから、**ウマル司令官に連絡を取って、常岡さんに連れていってもらえるようお願いし**

たのは事実です。常岡氏は乗り気ではありませんでしたけれど。ただし、当たり前ですが**戦闘員としてではない**です。イスラーム学の用語ではムカーティル（戦闘員）とムジャーヒド（聖戦士）は別概念です。国造りに参加する者は、皆ムジャーヒドです。**そもそも「ホワセプ」くんはアラビア語すら話せませんし、戦闘経験もない。そんな人間をイスラーム国が兵士として採用するはずがない。**ただし、当時イスラーム国は大真面目に国を造ろうとしていましたから、学者や研究者を求めていたんです。ウマル司令官も、そういう人なら来てほしいとのことでした。

また、「ホワセプ」くんという人も問題のある人らしかった。「悪質クラスタ」の仲間内では公然と「クズだ」と言われていた。それでも私と会ってからは、イスラーム教徒になって断食などもして、人間的にも成長したと私は見ていた。後で詳しく説明しますが、イスラームというのは個人の自由を尊重する社会なので、日本に比べるとはるかにコミュニケーションが楽なんです。気を使わなくて済むので、彼のような人でも楽に生きられる。そういう環境で研究者として渡ってほしかった。私としては、留学の手伝いをしたという気持ちだった。

勝谷　でも、「ホワセプ」くんが渡航する前に発覚した。それはなぜ?

中田　非常に些末な話です。彼は二〇一四年の八月一一日に日本を出ることが決まっていた。前日に壮行会も開かれた。ところがそのとき、彼のパスポートが盗まれていたんです。

さっきも言いましたが、「ホワセプ」くんは「悪質クラスタ」の中では悪口を言われていた。ツイッター上の喧嘩ですね。そういう彼の悪口を言っていた人の一人が「ホワセプ」くんの親に告げ口して、パスポートを取り上げさせた。それで「ホワセプ」くんは被害届を出しに警察に行ったんです。

勝谷　警察が調べているうちに、彼がイスラーム国に行くということが発覚したと。わかりました。中田くんは留学の手伝いをしたという。それも**非常に危険なところに若者を送る手助けをした。**その真意を聞きたい。

成長して、イスラーム世界との真の懸け橋になってほしかった

中田　もちろん、あの時点ではまだイスラーム国の実態はよくわかっておらず、危険といっても、今日のような状況になるとは私自身、予測できませんでした。単身で紹介者なしになってしまいそうな彼にとって、私が身元引き受け人になってくれる人を紹介すれば、彼の身の安全の保障になり、危険性が減ずるのは間違いないからです。

当時、日本はアメリカの同盟国でありながら、イスラーム国に敵視されてない数少ない国のひとつでした。少なくとも後藤健二さんと湯川遥菜さんが殺害されるまではそうだった。それはウマル司令官の態度からも明白です。ならば**イスラーム国で暮らし、懸け橋になる人間が一人でもいた方が、日本や世界にとっても有益だ**と私は思ったのです。「ホワセプ」くんにしても、彼はまだ若いし、一〇年くらい向こうで過ごせばアラビア語も身に

ついて、専門である数学の能力も現地で生かせるはずだった。

イスラーム国は、「カリフ制」を再興したと主張しています。イスラーム教徒はカリフの指導の下、国籍や民族、富の格差や国境に縛られない、「神の下の平等」を実現することができる。これは、私が長年主張していることです。

もちろんイスラーム国の言うカリフ制と、真のカリフ制の間には大きな隔たりがある。そこを是正していかなければなりませんが、それでもカリフ制に世界を注目させたという意味で、イスラーム国の主張には一定の意義があったんです。少なくとも当時は、そう考えられたのですが……。

勝谷　中田考の主張する真のカリフ制とはどういうものかは、この本の最大のテーマなのでじっくりと聞いていきます。次に、そんな中田くんがなぜムスリムになったのか、そして、イスラーム教とはどんな宗教なのかを具体的に考えていきましょう。

三時限目

イスラーム教の何が魅力なんですか？

中田少年はいかにして宗教に目覚めていったか？

勝谷　ここからは、宗教としてのイスラームを考えていきたいのだけれど、その前に私としては、中田考の個人史から入りたい。というのは、前に触れたように、我々は灘高校の同級生で、卒業後はこれといった交流はなかったんだけど、なにしろ一学年で男ばかり二〇〇人強の学校なので、「中田がイスラーム学者になったらしいで」という話はもちろん聞いていた。ただ、東大の文科一類にいるときに、とんかつを食って、赤玉ポートワインを飲んでからイスラーム教徒に改宗したとか、そのくらいしか知らないんです（笑）。

灘にいた頃からイスラーム教に興味はあったんですか？

中田　我が家は一応仏教徒で、父は神戸で貿易商をしていました。英語を使う商売だからか、息子にも英語に触れさせようとしたのか、子どもの頃にキリスト教会の日曜学校に通わされたりしていました。また一方で、母方の祖父が津山（岡山県）の神社の神主をしていて、夏休みには祖父の神社でひと月過ごしたりしていた。だから、さまざまな意味で宗教というものに触れる機会はあった。また中学高校の頃も、時々キリスト教会に通って説教を聞いたりしていましたから、宗教というものに興味も抱いていたんですね。

ところで、灘にはK先生という政治経済の名物教師がいたでしょう？

勝谷　おられました。私と思想的に正反対なので授業の間、ずっとやりあっていた。みんなはその間に数学や英語をやっていた（笑）。

中田　一方で、あの先生の語る政治理論を実に興味深く聞いていた。だから政治と宗教というものには、当時から関心がありました。そう、これも後々詳しく語ることになると思いますが、**イスラームでは政治と宗教というのは決して切り離して考えない**んですね。

勝谷　政教分離というのは近代以降、しかも西欧列強だけに限った、実は非常に特殊な概念ですから。

中田　ただ、私はイスラーム教に出合う前から、政治と宗教は決して分ける必要はないと思っていた。当時は、まだ根拠のない直感のようなものですけど。

勝谷　そこを聞きたい。なぜ、中田少年は政治と宗教は決して分ける必要はないと直感したのか？

中田　今で言う「中二病」的なものです（笑）。当時、読んでいた本が、武者小路実篤《むしゃのこうじさねあつ》とかドストエフスキーとか。要するに社会革命的というのかな、思春期によくありがちな「この世界はどうすればよくなるのか？」とか、「人々が幸せになるにはどうすればいいのだろう」とか、そういう麻疹《はしか》のような想いにとらわれていた。ただ、そう言いながら、勝谷くんと違って私はノンポリだったので、将棋同好会に入って将棋を指したり、プロレスが好きで、ジャイアント馬場さんの全日本プロレスに入れあげたりしていた（笑）。

勝谷　私だってノンポリだよ。地学部地質班ですから。

中田　何をおっしゃいます（笑）、あなたは高校一年で生徒会長に立候補して当選したじゃないですか。この対談をやることが決まっていろいろと思い出したんだけど、今思うと勝谷くんの影響があったことに気づきました。実はその翌年、高校二年のときに私も生徒会に立候補したんです。ただし私の方は、何の選挙運動もせずに落ちました。だから、興味はあるんだけれど、政治的センスはないんです。勝谷くんはその点、非常に革命的だった。

勝谷　劣等生対談みたいになってきたけど、それでもあなたは、東大に入ったじゃないですか。私は落ちて早稲田に入りましたが（笑）。

中田　私も一年目は落ちましたよ。それで、早稲田の政経に入って政治学を勉強した。そうやっていわゆる「仮面浪人」的な生活をして、翌年、東大に入ったんです。

イスラーム教が、他の宗教より魅力的だったのはなぜか？

中田　私は、東大に入った時点で自分は宗教を研究するんだと、そしてやるならキリスト教かイスラーム教だと決めていた。それで、駒場聖書研という聖書の研究会に入った。

東大の場合、二年生になった時点で進学振り分けというのがあって、進路を決めるんですが、そのとき、偶然にもイスラム学科というものができた。勉強していくうちに**イスラームが最も論理的に完成しているとわかったので、ごく自然にムスリムになった**わけです。

勝谷　そこを詳しく聞きたい。中田考にとってイスラーム教がなぜ他の宗教より魅力的だったのか。最も論理的だったということだけど……。

中田　勝谷くんはもちろんご存じだろうけど、ユダヤ教であってもキリスト教であってもイスラーム教であっても、信じる神は同じなんです（三つは姉妹宗教と呼ばれ、ヤハウエ、アッラーと呼び名が違うだけでその「奉ずる神は同一」とされる）。ただし、神というのはその教えを我々に直接は語らない。必ず預言者を通じて教えを託すんです。

勝谷　一般の方は誤解しやすいんだけど、未来を言い当てる「予言者」とはまったく違います。「預言者」とは書いて字の如く「神の言葉を預かった人」ですね。

中田　ですから「アダムとイヴ」のアダムも、「ノアの方舟」のノアも、「モーセの十戒」のモーセも、誰もが神と会話しているわけですから、すべて預言者です。そしてイスラーム教というのは預言者ムハンマドによって始まった宗教ですが、イスラームでは神が最後に選んだ預言者がムハンマドということになっている。そしてムハンマドが神から預かった言葉をまとめたのが聖典『クルアーン』です。

勝谷　これも初心者向けに解説しておくと、日本ではかつてイスラーム教の預言者を「マホメット」と呼んだように、聖典を『コーラン』と呼んでいました。今はできる限り現地の発音に近くしようということで「ムハンマド」『クルアーン』としている。本書でもここからは『クルアーン』でいきます。

『クルアーン』には、アダムやノア、モーセにイエス・キリストをはじめ二五人の預言者が登場している。ちなみに『クルアーン』はアラビア語で書かれているから、モーセは「ムーサー」、イエスは「イーサー」になります。

中田　この世界の最初の人間はアダムですけど、アダムは最初の預言者でもあり、神がアダムに授けた教えはイスラーム（帰依）であり、それ以来すべての預言者はイスラームの教えを説いてきたわけです。神は同じですから、同じ教えを人間に伝え続けている。

しかし**人間は不完全なものですから、預言者が神から直接言葉を授かって「これを神様から聞きました」と言っても、その後の人が言い伝えていくうちにどんどん歪《ゆが》んでいってしまう。**そこで**神は、別の預言者を選んで言葉を託していく、その最終形がムハンマドである**というのがイスラームの考え方なんです。

勝谷　確かに『旧約聖書』と『クルアーン』を読み込んでいくと、同じことが書いてある。

つまり、同じ神から別の預言者が啓示を受けているわけですね。
ところがキリスト教の場合は、イエスの死後、弟子のペテロとかパウロあたりがローマ近辺で語り始めたことが『新約聖書』になっている。「イエスはこう言いましたよ」という伝聞でしかないわけだ。しかもそれは、ローマ・カトリックとかギリシャ正教とか、どんどん分裂していった過程で、言葉もギリシャ語になったりラテン語に翻訳されたりで、はたしてどこまでがイエスが言ったことなのか、という問題は当然出てくるわけです。

中田　そもそも聖書は、イエスが書いたものではありません。イエスは語っただけで、実際に書いたのはマタイであったりマルコであったりルカであったり、使徒たちによるものです。さらに、その後になってくると使徒《しと》行伝《ぎょうでん》になってしまう。ペトロの話だったり、パウロの話だったり。

勝谷　乱暴な言い方をすると、松尾芭蕉の書いた『奥の細道』があって、後に弟子の河合《かわい》曾良《そら》が書いた同行記『曾良旅日記』が出たけれど、それらが一冊の本になっているという感じだ。

中田　著者が違うものを一冊の本だとして、それが聖典になっている。『旧約聖書』も同じです。ですから、イスラームというのは、そういうものを原点に戻しましょう、**アダムの頃の宗教に戻しましょうという、宗教改革の意味がある**んです。

東大イスラム学科が生まれて三〇年以上経つがムスリムになったのは、中田考一人だけである

勝谷　そう聞くと、『クルアーン』は確かに論理的に完成されているし、しかも最も純粋で本来的な宗教だとする意味がわかる。でも、だからといって、ムスリムにまでなる必要があったのか。普通に研究者として接していてもいいわけでしょう?

中田　私は、逆にそこを不思議だと思っています。さっき言ったように、東大にイスラム学科ができたのは一九八二年です。もう三〇年以上経っているのに、この学科を出てムスリムになったのは、私一人しかいない。しかし、どこの大学でもキリスト教学をやっている人はほぼ間違いなくクリスチャンですし、仏教学をやっている人はお坊さんか、仏門に

入っている人です。

勝谷　大学で神道学を学ぶ学生も、神主の息子とか将来神社を継ぐ人が多い。

中田　東大のイスラム学科が、むしろ特殊なんです。じゃあ何のために勉強するかというと、私たちはオリエンタリストを目指すことになる。オリエンタリストとは、日本語に訳すと東洋学者です。近代の学問というのはすべて西洋のものですから、西洋から見た東洋を勉強する。その中には日本学や仏教学も含まれていて、そのひとつとしてイスラーム学がある。要するに、**西洋人から見てイスラームとは何なのかを学ぶ学問**なのです。

勝谷　それでも、仏教学なら『般若心経《はんにゃしんぎょう》』を読んだり、キリスト教学なら『聖書』を読むように、まずは『クルアーン』を読み込むということから始まるわけでしょう？

中田　そう思って入ったら、全然違った。最初の授業で、中村廣治郎という私の先生だった人が、板書で黒板に『クルアーン』を書き出そうとしたんだけど、書けなくて、本を見ながら書いた。それも冒頭の部分です。**イスラーム教徒なら一日五回、礼拝のときに必ず読誦《どくじゅ》するものなので、一六億人、年寄りから子どもまで暗記しているものです。**東大の教授がそんなことも知らなかった。

勝谷　この一六億人という数字を押さえておきたい。**イスラーム教徒は世界に一六億人いる。**これは中国の一三億人を遥《はる》かに超える人口だ。ここが中田考の主張する「カリフ制再興」の源ですよね。イスラーム教徒が指導者カリフの下に連携すれば世界が変わるんだけど、現時点ではバラバラでそうなってない。しかもイスラーム教の二大宗派であるスンニ派（スンナ派）とシーア派でいがみあっていたりする。

中田　現時点では、**帝国主義の遺産として残された「国民国家」として分裂して、それぞれの国が国家の既得権を失いたくないばかりに、イスラーム全体の同盟と協調がなされない状態に陥っている**わけです。

ムスリムになるにはどのような手続きが必要なのか？

勝谷　ムスリムになるには、どうすればいいんですか。キリスト教は洗礼という儀式を受けますよね。

中田　ムスリムの場合、本当に簡単です。二人のムスリムの立ち会いのもとに、「ラー・イラーハ・イッラッラー、ムハンマダン・ラスールッラー（アッラーの他に神はなし、ムハンマドは神の使徒なり）」と唱える。それだけで、その人はムスリムです。ムスリム社会の一員となります。

勝谷　それだけ？

中田　入会手続きというようなものも、一切要りません。もちろん国籍も人種も血統も問われません。

勝谷　そのムスリムの立会人というのは、モスクにいるような偉い人、つまりキリスト教の牧師や神父にあたる人にお願いするんですか？

中田　成人のムスリムなら誰でもいいんです。**イスラームには、仏教の大僧正とか、キリスト教の大司教みたいな人はいません。**なぜなら神、アッラーの下では誰もが平等だからです。

もっと言えば、その立会人というのも、イスラーム社会でムスリムと認められるためにのみ必要なだけで、本来なら不要です。**ムスリムになるには、アッラーを信じることだけで十分なんです。誰がムスリムかを決めるのは人間ではなくアッラーだから**です。

勝谷　徹底的に神の下に平等な社会なんだ。

中田　先ほどイスラーム教徒の数を一六億人と言いましたが、これも実ははっきりしない数字です。もっと少ない、一二億人くらいとも言われるし、一六億人を超えるという説もある。イスラームには入信者名簿もありませんし、信者数を把握している団体もない。「入信しました」と申告する義務もありませんから、世界に信徒が何人いるかは誰にもわからないんです。

勝谷　キリスト教における教会みたいなものも、ないんですね？

中田　モスクを「イスラーム教会」と思っている人も多いのですが、それは間違いです。勝谷くんが言った「キリスト教における教会」というのは、単なる建物を指すのではなく、教区があって、そこに集まる人間の組織のことでしょう。でも、モスクは単に礼拝する建物に過ぎません。だから、メンバーシップなんてありませんから、ムスリムであれば誰でも入っていって礼拝することができます。

勝谷　それでわかった。イスラームではイスラーム法学者が一番偉いと言うでしょう？　イランのホメイニ師なんて、日本では宗教指導者みたいに思われているけど、実はイスラーム法学者だ。

中田　『クルアーン』というのはさまざまな示唆に富んだものですから、その解釈が何より大切になります。したがってその解釈に長《た》けているイスラーム法学者の存在が重要になるのです。

勝谷　話は戻るけれど、そうだとすると、イスラームのことを学ぶのであれば、とにかく『クルアーン』を読み込んで、その文面をどう解釈するのかを学ぶのが大切なんじゃないですか？

中田　その通りです。だから**日本の大学のイスラーム学というのは何の役にも立たない。**それで私は、信徒になったわけです。そちらで勉強したおかげで——私は『クルアーン』の日本語翻訳者でもあるので——ひと通り頭には入っています（『日亜対訳クルアーン——「付」訳解と正統十読誦注解』作品社）。それでも、中東諸国の、子どもの頃から『クルアーン』に親しんでいて全部覚えている人たちと比べたら、レベルは大変低い。でも、一般の日本のイスラーム学者よりはましです。それほど、日本のイスラーム学者は基本的なことを知らない。

勝谷　『クルアーン』の上っ面は知っていても、深いところまで理解できていないということ？

中田　彼らは、上っ面すら知りません。というのは、『クルアーン』というのはとにかく長い。文字数は約七万八千語から成り、『新約聖書』と同じくらいの分量がある。日本語にすると五〇〇ページにもなるから、ほとんどの学者が文字面さえも頭に入っていない。

勝谷　そういう日本のイスラーム学者たちというのは、何を勉強しているわけ？

中田　たとえば、自分の専門はエジプトですと言って、何世紀のエジプトの何々さんが何を言ったとか、そういうことです。**イスラームの全体論を語っている人間はほとんどいない。**

これは構造的な問題であって、仕方ないんです。東大を例に取っても、専門で学ぶのは二年間しかないわけです。ほとんどの学生が何も知らずに入ってきて、イスラームの入門書みたいなものから読み始め、そして二年後には卒論を書く。時間がまったく足りません。そんなことで、広大で深遠なイスラーム社会を理解するなんてことは、とても無理なんです。

『聖書』と『クルアーン』の決定的な違いとは？

勝谷　あえてそこから入ろう。私も『クルアーン』を読み通したことはないんです。『新約聖書』というのは非常に象徴的な話だ。それに対して『クルアーン』というのは、そこに暮らす人の実生活に基づいたものだというイメージがあるけれど、その成り立ちと内容について教えてほしい。まず、どういう書物なんですか？

中田　第一に大切なのは、先ほども言ったように『クルアーン』というのは一冊の本だということです。

勝谷　一方で『旧約聖書』や『新約聖書』は、いくつかの物語を編纂《へんさん》して一冊になったものだ。

中田　そうです。『新約聖書』の中で、たとえばマタイの福音書というのは、これは一冊と言ってもいい。でも『新約聖書』という一冊の本が、もともとあったわけではない。どこかの時点で、誰かが一冊にまとめたわけです。さらに、そのマタイの福音書にしても、マタイという人がいろいろな資料から集めて編集したわけです。

お釈迦様にしてもそうです。釈迦の時代には仏典なんてありませんでした。弟子だったり、釈迦の説教を聴いた人が、彼の言葉をまとめたものがあるだけです。

勝谷　仏教は、そういう意味では膨大に広がり過ぎていて、日本だけに限っても宗派が無数にあるし、非常にわかりにくいものになっている。

中田　イスラームにも編纂された書物はあります。『ハディース』といって、これはムハンマドの言行を弟子たちが伝え聞いたもので、こちらも聖典とされています。

まずは『クルアーン』の話をしましょう。第一に『クルアーン』というのは、**始まりがあって終わりがある一冊の本である**と、これはそもそも『クルアーン』の中にそう書いてあるんですね。

ここから先は神学的な話になりますが、イスラームの場合、まず神がいる。アッラーです。アッラーとは世界を創った神です。キリスト教もそうですが、世界とは永遠に続くのではありません。終末というものが必ず来ます。世界の終わりです。そして、神は世界を創ったわけですから、「創造」から「終末」まで、つまり時間の初めから終わりまでをすべて見通しています。ですから、我々の認識している日常的な時間を超えているわけです。そして、**『クルアーン』というのは、その世界が創られる前から、一冊の本としてあったわけです。**

勝谷　『旧約聖書』にしても「創世記」の一章「天地創造」から始まる。つまりこの世界の始まりからだ。そういう意味では『クルアーン』はもっと超越的な存在としてあるわけだ。

中田　世界が創られる前から存在した一冊の本、それをイスラームでは「天上のクルアーン」と呼びます。しかし、我々人間は時間の中で生きているわけですから、天上に一冊の本があったとしても、それを手にすることはできない。そこで預言者ムハンマドに、啓示として少しずつ下ってくる。これが二二年から二三年かけて下ったとされています。

勝谷　神が持っていたものを、ムハンマドに少しずつ与えたわけだ。

中田　『クルアーン』を預言者に与える役目の天使ガブリエルがいて、天使と預言者ムハンマドとが読み合わせて、現在の『クルアーン』になったと言われています。

勝谷　それこそ完全無比な形だ。キリスト教や仏教では、教典が時代を経るうちにどんどん膨らんでいく。それはある意味では、拡散していくとも言えるわけじゃないですか。

中田　『クルアーン』にはそれはあり得ない。ここから始まり、ここで終わりというたったひとつのものですから。

これ以上細かい話をすると、すごく面倒になるのでやめておきます。ただしひとつだけ付け加えておくと、もともとは口伝《くでん》であって、本として伝えられたものではなかった。

勝谷　それもキリスト教とはまったく違うね。

中田　基本的に、一般の信徒が『クルアーン』をどう使うかというと――正確に言えば「使う」ではなく「触れる」なのですが――礼拝のとき、読誦しているのを聴くんです。預言者ムハンマドが生きていた時代には、特に夜の礼拝において彼が『クルアーン』を読誦したそうです。『クルアーン』の中に出てくるエピソードですが、「夜の三分の一」の間、読誦したとあります。だからムハンマドは礼拝のとき、数時間にわたって『クルアーン』を読誦し続けたんです。それを信徒たちはずっと聴いている。そういう形で誰もが『クルアーン』に「触れた」わけです。

勝谷　うーん、まさに口伝の文化なんだね。

「翻訳」はあっても、それは『クルアーン』ではない？

中田　アラビア半島辺りは昔から、地域的にも人種的にも口伝の文化ですね。

勝谷　キリスト教では「聖書が大切」とか「聖書に帰れ」と言います。つまり紙の文化だ。ところが、イスラームは口伝なんだ。そもそも、ムハンマドも字は読めなかったんでしょう？

中田　先ほど言った西洋人の東洋学者の中にはそれを否定する人もいるんだけど、基本的には読めなかったと言われています。読めたとしても本当に片言で、覚え書きぐらいだったのではないか。だから、口伝で覚えている。現在でも、その長い長い『クルアーン』を最初から最後まで覚えているイスラーム教徒は、それこそ大人から子どもまでたくさんいる。みんな、聴いて覚えたんですね。私なんかは大学に入ってから『クルアーン』に出合いましたから、そういう訓練を受けていない。

勝谷　それでも頭の中には入っているの？

中田　一応、一時間くらいでしたら読誦していられます。

勝谷　一時間、それはすごい。キリスト教の場合、聖書の第何章のいくつとか、すべて数字で言うよね。それに比べると私も中東へ行くたびに感じることだけれど、イスラーム教徒の人は耳でよく聴いている。そしてその教えが頭の中に入っている。

中田　ムハンマドの死後、アブー・バクルという人が初代のカリフになります。そして、三代目のウスマーン・イブン・アッファーンの時代（七世紀中頃）に初めて紙に書かれて本にまとめられました。ただし当時は、日本で言えば聖徳太子とか大化の改新の頃で、正書法（正しい書き方）が定まっていない時代でした。日本でもそうで、書き方が決まっていないから、今書かれている表記とはちょっと違っています。

これが現在では「ウスマーン本」と呼ばれています。これが何部作られたかに関しては、伝承がいくつかあって諸説分かれているんですが、ともあれ七部、作られたと言われています。それが各都市に配られた。

勝谷　それはアラビア語ですか？

中田　そうです。

勝谷　今なぜ言語を尋ねたかというと、『クルアーン』は基本的に翻訳しないと聞いたことがあるので。

中田　私も日本語訳を作っているくらいですから、「翻訳」というのはあるんですが、それはあくまで**「翻訳」であって、『クルアーン』ではない**んです。

勝谷　翻訳であって『クルアーン』ではない、その考え方が面白いよね。非常に清廉というかストイックというか。

『聖書』のルーツをさかのぼるのは難しいが、『クルアーン』はたったひとつしかない

中田　たとえば聖書だと、普通の人は、日本語の聖書も聖書だとみな思っている。しかし

厳密に考えると、日本語の聖書ひとつとっても何種類もの訳がある。そのルーツをたどっていったら、カトリックの場合だと、もともとはヘブライ語とギリシャ語なんです。

勝谷　そこがまた難しいところなんだ。なにしろヘブライ語というのは、『旧約聖書』の頃のユダヤ人が話していた言葉だからね。紀元七〇年にローマ帝国にユダヤの国を滅ぼされて以来、ずっと死語と化していた。しかも、ヘブライ語というのは子音中心の言語なので、読み方がいろいろとある。

中田　カトリックでは現在、本当の聖典はそうではなくて、ラテン語によるウルガタと言われている。いわゆる「カノン」（聖書正典）と呼ばれるものです。だから厳密に「聖書とは何か」を考えると、やはり「これだ」という答えは出ないと思う。

そういうものと比べると、**これが『クルアーン』だというものは、たったひとつしかない。**もちろんアラビア語で読んでも、意味に関しては当然解釈が分かれてきますから、法学者によって意見はいろいろあります。でも、ともかく**元のテキスト自体はひとつしかない。**

勝谷　それは現在でもひとつなんですか、聖典と呼ばれるものは？

中田　ひとつです。

勝谷　たとえば日本人でイスラームに入信した人は、アラビア語はわからないよね。そういう人たちはどうするの？

中田　勉強します。

勝谷　勉強しなければいけないんだ。

中田　ムスリムになると一日五回、マッカの方角に向かって礼拝をします。これは世界中、どこの国、どんな人種でも同じです。そのとき必ず『クルアーン』の第一章を読む。もちろんアラビア語です。一分もかからないので、ちょっと読んでみましょう。こうして立ち上がって（と、朗々と読む）。

勝谷　（感心して）何というか、荘厳で美しい響きだね。

中田　今の部分は必ず読む。ですからどこの国の人であっても、少なくともここだけは覚える。アラビア語の文字がわからなければ、日本人なら、まずはカタカナにして覚えますよね。同じように、現在のマレーシアやインドネシアでも、ヨーロッパに植民地化されるまでは、このアラビア語の文字を使って自分たちの言葉を書いていたんです。ただしアラビア語には「プ」の音などがないので、それは文字を増やしたりとかして、国によってちよっとずつ違っている。

「俺の家へ泊まっていけ」と言うのは、遊牧民特有の心理から来ている

勝谷　イスラーム教徒の国々では、一六億人すべてが、宗教言語は共通なんだ。中東はもちろん、西はエジプトからアルジェリア、モーリタニアといったアフリカ北部がほぼ全部。北はウズベキスタン、カザフスタン、新疆《しんきょう》ウイグル自治区。東はインドネシア、マレーシアまで。これは、本当にすごいことだ。だから、イスラーム教徒の国々のあいだではどこの国へ行っても「やあ、こんにちは」と入っていける。わざわざ外国語を勉強して留学することもなく、自然に入っていって会話ができる。なにしろ価値観も倫理観も同じなんだから、生活だってできる。

アメリカが必死になって世界中に民主主義という価値観を押し売りしているけれども、

それよりも圧倒的に大きいものが、すでに存在しているということなんだ。
中田考が提唱し続けている「カリフ制再興」の意味もここにあるわけですね？

中田　こと礼拝だけに限っても、何人《なんぴと》であろうが、どこの国のモスクであろうが、誰もがアラビア語で、同じ動作でお祈りします。これはスンニ派だろうがシーア派だろうが同じです。だからたとえばマレーシアの人がエジプトに旅行して、たまたま目に入ったモスクに飛び込んでお祈りすることも可能です。

勝谷　しかもイスラームの人は、やたら「俺の家へ泊まっていけ」と言うよね。

中田　本当にうるさいくらいに「泊まっていってくれ」と言われますが、三日間は泊めないといけないという義務がある。これは、遊牧民としての文化なんです。彼らは人を泊めるとかもてなすということに、何の不自由も感じていない。先祖から、ずっとそうやって生きてきた人たちだから。

二〇一三年に、私がイスラーム国（ＩＳＩＬ）へ行ったときもそうでした。私は一人っ子だったので、他人の家に泊まるのは苦手なんです（笑）。できればホテルに泊まりたかったんだけど、ラッカ（旧シリア領、現在はイスラーム国が首都と主張している都市）にはホテルなんてないので、友人のところに泊めてもらった。

勝谷　私も中東に行くたびに「家に来い」とか「お前を案内してやる」とか、現地の人に言われる。最初は「しつこいな、こいつら」「何か魂胆があるんじゃないか」って疑っていた（笑）。観光ガイドブックには必ず「そういう人には気をつけろ」と書いてあるしね。ところがあれは、文化なんだ。

中田　まさに文化なんです。

勝谷　沙漠の地を行く旅人は、出会った人に頼らなければ、きっと生きていけなかったからなんでしょうね。一時限目でも言ったように、我々日本人は「一所懸命」の文化だから、自分の土地を守ることに必死で、他人が自分のところに入ってきたら、とにかく追い出そうとする。これは情の問題ではなく、農耕民族と遊牧民の歴史の違いなんだ。

中田　遊牧民はそうしてあげないと死んでしまう。お互い死なないように助け合う。とても合理的な考え方なんです。

一時限目でイスラームには「喜捨」の文化があると言いましたが、それは持てる者が持たざる者へ施しをすること。読んで字の如く、喜んで捨てる、いやいやではなく、進んであげる。厳密に言うと喜捨には義務と任意があって、義務は公然とやるので、周囲から名誉や尊敬を集める。任意は人知れずやりますが、これは死んでから来世で褒賞されると言われています。

ヨーロッパはなぜ、イスラーム教徒を排斥しようとするのか？

勝谷　それも、遊牧民の合理性から来た文化と宗教性なんだろうね。沙漠では、金をいくら持っていても無意味な場合がある。誰かに水をもらうか、屋根のある場所で眠らせてもらえなければ死んでしまう。

その点、欧米は中途半端なところがある。もともとは狩猟民族だったが、途中から農耕が始まったので、両方の価値観のせめぎ合いが、彼らの中にはある。それが、土地を持てなかったユダヤ人を排斥する（ユダヤ人は、ヨーロッパの多くの国で土地所有を禁じられて農業の道を断たれるなど弾圧された）という形で表に出た。そして、今はその排斥意識が移民のアラブ人たちに向かっている。

だから「シャルリー・エブド襲撃テロ事件」みたいなものが起きると、排斥派が盛り上がってしまう。彼らは「テロとの闘い」と言っているけれど、反移民、反アラブという意識が、半分はあると私は思う。

中田　シャルリー・エブドは、以前から預言者ムハンマドを題材にした風刺画をたびたび掲載して、イスラーム教徒の反発を招いていたと言われるけれど、ムハンマドに対する風刺は、フランスだけじゃなくてヨーロッパではずいぶん前からあって、何人もの人が死んでいます。

勝谷　日本でも一九九一年に、サルマン・ラシュディの小説『悪魔の詩』を日本語に翻訳した、筑波大学の五十嵐一《いがらしひとし》助教授が何者かに殺害された。事件は未だに解決されていない。

中田　誤解を恐れず言うと、そういう話はヨーロッパでは珍しくはないんです。預言者を冒涜《ぼうとく》すると暗殺されるという事件はあった。

それにもかかわらず、今回はパリで三五〇万人がデモに集まったとか、ツイッターで

「Je suis Charlie（私はシャルリー）」という文字が入った画像が、一日で一〇万件アップされたという報道を聞くと、これはヨーロッパ側の変化なんだという気がします。

勝谷　日本も含めて世界では、イスラームの過激化が叫ばれているけれど、見方を変えれば、**ヨーロッパの方で反移民、反アラブという意識が高まっている**ことの現れなんですね。

中田　イスラーム過激派によるテロを見ると、二〇〇四年にスペインで起きた「マドリード列車爆破テロ事件」、これは一九一人が亡くなり二〇〇〇人以上が負傷しました。そして翌二〇〇五年の「ロンドン同時爆破テロ」、こちらはロンドン地下鉄三カ所と二階建てバスが同時に爆破され五六名の方が亡くなっている。スペインの方は「アブー・ハフス・アル＝マスリー殉教旅団」と称するイスラーム過激派が犯行声明を出し、ロンドンの方も「欧州の聖戦アルカーイダ組織」を名乗る犯行声明がネット上にあがった。

この二つの事件の方が圧倒的に残虐だし危険だし、何より無差別テロです。それに比べれば、「シャルリー・エブド」の方はある意味予想できたことだと言えます。

勝谷　ヨーロッパが右傾化、排外化しているということですね。私は、ナチスによるユダヤ人の排撃を容認したヨーロッパのかつての時代精神に近くなっている気が、非常にしますね。

中田 「シャルリー・エブド事件」の後、イスラエルのネタニヤフ首相が声明を出しました。一連の事件の被害者の中にはユダヤ人、イスラエル人もいる（シャルリー・エブド事件の直後に、ユダヤ食品スーパー襲撃事件が起こった）。だから、ユダヤ人にとっても「反イスラーム」ではあるんだけど、それだけじゃなくて、非常に捻《ね》じれたところがあるんです。

ネタニヤフ首相のメッセージの中で、「フランスが、ユダヤ人に対して排外的になっているから、イスラエルに帰ってこい」と、イスラエルへの移住を呼びかけたのが、象徴的です。**この流れはヨーロッパだけじゃなくて、世界全体でナショナリズムがすごく強くなっている**と思っています。

勝谷 ヨーロッパの排外化、そのアンチテーゼとしてイスラーム国がある。その証拠にヨーロッパの中からイスラーム教徒たちが数多くイスラーム国へと渡っている。

中田 本来、ヨーロッパの国々、特にフランスは「自由・平等・友愛」の国ですから、生まれや人種にかかわらず、つまりアラブ人であっても、平等に扱われるはずだったのに、実際には全然、違ってきている。

皮肉なことに、アラブからの経済移民たちに「自分はムスリムだ」という自覚は薄かったんです。ところが日々の生活で差別を受け、同時にフランスの平等の理念の欺瞞《ぎまん》性に気づく。そこで急進的にイスラーム化してしまう。

勝谷 日本人は、イスラーム国というモンスターが突然生まれたように思っているけれど、実は歴史的な必然がある。西洋を中心とした世界の中で、排除するパワーと急進的なパワーがせめぎ合い、急進的な勢力はさらに急進化して、過激なテロリスト国家が誕生していった。

しかし、もともとはイスラームとキリスト教徒は「啓典の民」(啓典は神の啓示を記した文書。イスラーム教では、ユダヤ教、キリスト教を同じ啓典を持つと見なし、優遇していた)といって、認め合っていたわけでしょう?

中田 **イスラームの宗教観としては、イスラームもキリスト教も、同じ神からのメッセージを受け取っていると考えられている。**もちろんヨーロッパとの確執は歴史上たびたびあって、それは決して小さなものではありませんでした。

預言者ムハンマドに近ければ近いほど、理想の人間像になっていく

勝谷 なぜ、ここまで対立する構図になってしまったのか。ここでもう一度、宗教としてのイスラーム教の話に戻りたい。ここまで話をしてきて思うのは、キリスト教にしても仏教にしてもどんどん拡散していく。それに対して**イスラーム教というのは、常にプリミティヴ（原始的）です。唯一の神、ひとつの聖典という「原点」を重視する。**この違いに対立の構図があるんじゃないかと思うからです。

中田 わかりました。まず**イスラームには預言者ムハンマドという絶対的なモデルがいる。彼に近ければ近い人間ほどすばらしい、という考え方です。**だから、預言者が冒涜されることには非常に敏感です。

勝谷 それは、自分たちが尊敬する預言者がバカにされたというだけじゃない。自分たち

の目指す人間像から、社会のあり方に至るまで、すべてを踏みにじられたと感じるわけだ。

中田　預言者ムハンマドに近ければ近いほどいいというのは、空間的にも時間的にも、言えることなんです。だから基本は昔の方がいい。

勝谷　それは、**近代化というものとは、真っ向からぶつかる**話だね。ヨーロッパの近代化とは、政教分離の歴史でしょう。ガリレオ・ガリレイが「それでも地球は回っている」と言ってから、社会や政治は科学的手法に委ねるべきだという強迫観念にも似た哲学が蔓延《まんえん》していった。西欧の人間にとって近代化は、社会の目指す究極的な目標だったから、無理やりにでも政治と宗教を切り離す必要があったわけだ。

神はなぜムハンマドを「預言者」として選んだのか？

勝谷　そこで聞きたいんですが、ムハンマドがある日突然、啓示を受けたというところからすべてが始まるわけですよね。

中田 そうです。

勝谷 ムハンマドという人は、子どもの頃から評判の正直者だったという。マッカに住む行商人で、ラクダに荷物を積んで、砂漠を移動しながら商売をしていた。二五歳のときに、富裕な商人で彼の雇い主でもあった、一五歳年上のハディージャという女性と結婚する。このあたりのエピソードは、我々からすると実に普通の人なんですね。

ところが、結婚後は豊かになって、不自由のない生活になったせいか、マッカ郊外のヒラー山に登り何日も洞窟にこもって瞑想するようになった。するとある日、大天使ジブリール（ガブリエル）が現れて、ムハンマドに唯一神アッラーの啓示を「読め」と命じた。この啓示というものが、我々日本人にはわかりにくい。少し説明してほしい。

中田 ユダヤ教、キリスト教、イスラーム教、この三つを最近では「聖書の預言者アブラハムの宗教的伝統を受け継ぐ」ということから、「アブラハムの宗教」と呼びますが、このアブラハムの宗教には絶対神（創造神）がいます。そして、神は直接人間に語りかけるのではなくて、預言者、つまり特別な選ばれし人間を通じてメッセージを伝える、そういう構造になっています。これがまず大前提です。ですから、アブラハムの宗教は別名・啓示宗教とも呼ばれる。この啓示現象というのは、広い意味で言うとシャーマニズムの中にも見られる。日本にもありますよね。

勝谷　神がかりなんて言うね。卑弥呼《ひみこ》がそうだ。

中田　ヨーロッパに、コーエン（コーヘン）という名前の人がいますが、もともとは「憑《つ》いたもの」という意味で、ユダヤ人だと下級祭司を意味します。アラブにもそういう人がいました。おそらく広大な沙漠を遊牧していて、天からの声を聞くのではないでしょうか。

こういう宗教現象は世界的に広く存在します。ただし、イスラームではそういう「憑かれた人」と「預言者」とは、まったく違うと言われている。イスラーム学的には否定されている。

勝谷　その決定的な違いというのは何ですか？

中田　後にイスラーム学が整備されてからできてくるものなんですが、まずイスラームの預言者とは、「法をもたらす者」と言われています。

勝谷　なるほど、単なる「お告《つ》げ」じゃない。しかもイスラームで言う「法」とは、国家の定めた法律とはまた違うのですよね？

中田　日本語にはなかなか表しにくいのですが、最もニュアンス的に近いのは「仏法」といった場合の「法」、「ダルマ」でしょうか。「法をもたらす者」ですから、**預言者は過ち（間違い）を犯してはいけない。**決して過ちを犯さない人間が預言者たり得るわけです。だから先ほど言ったように、風刺の対象にされると大問題になるのは、このような背景があるからです。

勝谷　預言者とは、完璧な存在であるというわけだ。そう考えるとムハンマドが子どもの頃から評判の正直者だったということに意味が出てきます。神童であったり大天才であったりしたわけではないけれど、間違いだけは決して犯さない人だった。

中田　なぜ間違いを犯さないのかというと、**間違いを犯すと「神のメッセージを伝える」というその目的に反するから**です。

では、神のメッセージとは何か。それが先ほど言った「法」です。**「法」とは善悪の基準**です。何をしたら善きことなのか、どういうことが悪いことなのか。その要となるものが、イスラームでは**最後の審判**です。最後の審判で裁かれて、悪い人間は罰を受ける。善い人間は報酬を受ける。ところが最後の審判、天国や地獄というのは我々には見えませんし、予想すらできない。預言者から「そんなことをしたら地獄に行くことになりますよ」と言われたって、我々にそれを検証する術《すべ》はない。

では、人間に検証し得るところで、何なら可能なのか。それは、**この人は絶対に嘘をつかない。間違いを犯さない人なんだ**ということです。

勝谷　そこで、正直者というのが利いてくるわけです。類まれなる正直者だから、この人の言うことは本当だろう、この人なら神様のメッセージを正しく伝えるであろうと。

中田　それだけでは預言者として必要十分条件とは言えません。嘘をつかない、間違いを犯さないというのは、必要条件ではあるけれど、最後の審判という、我々人間の想像もつかない出来事が本当にあるのか、そこまではわからない。

勝谷　なにしろ、時間というものを超越したところの話だからね。

中田　ですから、そこに「奇跡」が必要になってくる。我々のような一般の人間には判断できないことを起こす、そんな奇跡をもたらせる人というのが十分条件になるんです。ただ、アラブの預言者ムハンマドに関しては、我々が普通に考えるような「奇跡」というのは、実はあまりないんです。

勝谷　えっ、ないの？（笑）

中田　ただし、ここが重要なのですが、『**クルアーン**』**自体が奇跡だ**という考え方がある。『クルアーン』は内容的に音律的にも圧倒的に優れていて、誰にも真似ができない。こんなものは誰にも創れない、神でなければ創ることができないんです。『クルアーン』はアラビア語で書かれていますから、このことは、非アラブ世界の人々にはなかなか伝わりがたいんですが。当時のアラブ人は文学や詩を得意としていたんですね。

『クルアーン』は読んで美しく、言葉として美しい

勝谷　アラビア語文学と言えば、古代から詩だと言われる。

中田　特に遊牧民は詩を作るのを、唯一の楽しみにしていた。詩を作ることに部族の名誉

がかかっているくらい、誇りを持っていた。

そこで「ムハンマドなんてただの詩人だ」と言った人がいて、預言者じゃなくて詩作の上手な奴に過ぎないと。「じゃあ、『クルアーン』と同じようなものを創ってみろ」ということになったが、結局、誰も創れなかった。だからこれはもう、神が創ったものに他ならない。それがアラブにおける『クルアーン』の奇跡性、預言者ムハンマドの奇跡性と言われている。

勝谷 それは実に説得力がある話だね。『クルアーン』というのは、アラビア語を話せる人にとっては、やはり言葉として美しいものなんですか?

中田 言葉として実に美しい。音として、音律としても美しい。奇跡のレベルかどうかとなると、残念ながら、ネイティヴでない私にはわかりませんが。

勝谷 美しいから、誰もがその長い長い『クルアーン』を暗記するんだろうね。

中田 美しいものだからこそ暗記して、さらに読み込んでいく。だから『クルアーン』に対する読誦学というものが、現在に至るまで発展してきたんでしょう。

勝谷 イスラームというのは音律の宗教だというのは、よくわかる。イスラーム圏に旅をするると、朝に夕に、モスクから「アザーン」というんですか、「アッラーフ・アクバル」という言葉が聞こえてくる。この言葉も本当に美しい。「アザーン」は、キリスト教の教会の鐘のようなものなんですか？

中田　「アザーン」は、イスラーム教における礼拝（サラート）への呼び掛けのことです。「アッラーフ・アクバル（神は偉大なり）」という句を四回繰り返すことから始まります。そして「アシュハド・アン・ラー・イラーハ・イッラッラー（アッラーの他に神はなしと私は証言する）」「アシュハド・アンナ・ムハンマダン・ラスールッラー（ムハンマドは神の使徒なりと私は証言する）」と続いていきます。

勝谷　あの声というか、音を聞いているだけで、日本人の私でも穏やかで神聖な気持ちになってしまう。

中田　異教徒であっても心が静まる、そんなパワーがあると思います。

勝谷　そういう音の持つ力、魅力が、文字を読めない人たちに普及していく原動力になったんですね、きっと。

『クルアーン』を持つ誇りが、アラブをひとつにした

中田　私もそう思います。そして、もうひとつ押さえておくべき重要なことがあります。それは、**預言者と啓示がひとつのセットになっている**ということ。これが当時のアラブ人にとってとても大切なことでした。

というのは、その前提がありまして、『旧約聖書』にはアブラハムという人が出てきます。

勝谷　『旧約聖書』の冒頭、創世記に登場する。ノアの洪水後、神による人類救済の出発点として選ばれ祝福された最初の預言者です。「信仰の父」とも呼ばれる。

中田　そのアブラハムの長男がイシュマエルという人で、次男がイサクです。アラブ人は自分たちがそのイシュマエルの子孫であると考えていた。一方のユダヤ人は、自分たちがイサクの血筋だと考えていました。ですから**アラブ人も、自分たちは預言者の末裔《まつえい》である**

と信じていた。だから、いずれ自分たちのもとにも預言者が送られてくるだろうという信仰を、漠然とですが抱いていたわけです。

勝谷 それまでの預言者は、イエスをはじめとしてユダヤ人ばかりだ。だけどアラブ人もまた、自分たちの中から預言者が現れるはずだと期待していたのですね。

中田 また、マッカにはそれほど多くなかったんですが、第二の聖地と言われるマディーナには、ユダヤ人の部族がたくさんいた。そこで、アラブ人とユダヤ人は対立していた。いや、もっと言えば、アラブ人はユダヤ人に劣等感を抱いていたのです。

勝谷 それは、やはり預言者がまだいなかったから?

中田 それもありますが、もうひとつ、アラブ人はユダヤ人を「啓典の民」、アラビア語で「アフル・アル・キターブ」と呼んでいました。「アフル」とは人です。そして「キターブ」は本という意味。つまり「本を持っている人」という意味なんです。

勝谷 「ユダヤ人は聖書という本を持っていた」ですか?

中田 当時のアラブにも文字はあって、読めたのですが、文学的な伝統というものはまだない頃です。詩は基本的には暗唱するものであって、本として形になっているような文学はなかった。文字文化というものがなかったんです。

だから、それを持っているユダヤ人に対して、自分たちは文化的に劣っていると感じていた。そこに預言者ムハンマドが現れるのですから、これは民族的な誇りでもあったわけなんです。我々もこれでやっと文明化するという。

勝谷 そこで、暗唱と口伝の文化が文字へと発展したわけですね。

中田 それだけではなく、先ほども言ったように『クルアーン』は法の書、人々に法をもたらすものでもある。民族にとって法を持つことはやはり誇らしいことです。日本人も、憲法を持ってはじめて西欧列強から文明国としてみなされると考えて、大日本帝国憲法を作った。法を持つことがアラブ人の誇りとなったわけです。

勝谷 逆に言うと法を持ったから、流動的でフレキシブルだった遊牧の民が、大きな国家へと発展したとも言えます。

中田 『クルアーン』という法を持つ誇りが、アラブの征服、イスラームの征服というものへつながっていったわけです。

四時限目

イスラームの人たちの考え方は、我々とどう違うんですか？

イスラームでは「宗教」と「政治」を分けて考えない

勝谷　ここでは、さらにイスラーム教というものについて、掘り下げて聞いていきたいと思います。いや、イスラーム教というよりも、イスラーム全般の思想、哲学と言った方がいいのでしょうか。というのは、イスラームでは宗教と政治を分けて考えないのだ、という話がありましたね。

中田　イスラーム教徒にとって宗教とは生き方ですから、そして、政治というものも人の生き方に大きく関わってくる問題です。ですから、分けて考える必要はまったくありません。

現在、日本であっても欧米であっても、政治には権力やお金儲けといったものが強く結びついてきます。しかし、イスラームにおいてそれはあまり関係がないのです。

勝谷　関係ないって、それはどうして？

中田　**神の下では誰もが平等だから**です。確かに、中東ではとてつもない大富豪がいる半面、今日の食事もとれない貧しい人がいます。これは日本人や欧米人から見たらとんでもない不平等ですし、私自身も是正しなければならない問題だとは思いますが、それ以前にもっと根本的に、神の前での平等という理念があるわけです。

勝谷　どんな権力者であろうが、庶民であろうが、神様の前では同じだと。まずは理念として、人間は誰もが平等であるという大前提があるわけだ。

中田　そこを起点に見て、貧富の差があったり、苦しい生活をしている人がいる一方で、ありあまるお金を持っている人がいる、という状況を改めていかなければならない。そうすることで、誰もが幸せに生きられる道を見つけるべきではないか、という考えが出てくる。宗教的理念を実現するために政治があるわけです。

勝谷　そういった意味では、ヨーロッパ社会における政教分離というのは、理念云々《うんぬん》ではなくまさに権力闘争だった。

というのは、中世のヨーロッパでも国民の政治意識は希薄だったんです。特に西ヨーロッパ社会では、ドイツ皇帝とローマ教皇が権力を二分していた。皇帝側は古代ローマ帝国の帝権（皇帝・帝王の権力）の延長線上に自身を位置づけていたし、教皇側は教会組織を通じて人民の上に君臨していたわけだ。だから「国民国家」が成立し、近代化が進められたとき、教会側を排除するにしても取り込むにしても、政治と宗教を分ける必要性があったわけです。

中田　おそらくそういう**ヨーロッパの歴史的経験から、人々は「政治と宗教が一緒になるとろくなことがない」と思った**のでしょう。でもそれは、キリスト教の話でしかない。**キリスト教でうまくいかなかったからといって、なぜ他の宗教までだめだと判断するのか。**なぜ政教分離の名のもとに、他の宗教にまで政治と宗教は共存できないと決めつけるのか。私はそこが理解できない。

勝谷　そこはヨーロッパ人の選民意識だろうね。自分たちでさえうまくいかなかったんだから、お前たちのような野蛮人の世界でうまくいくはずがない（笑）。

中田　もっと言えば、ヨーロッパにおける政教分離というのは、キリスト教会の話でもあります。前にも言いましたが、教会とは単に祈りを捧げる場のことではなく、組織を意味するものです。しかし、イスラームには組織はない。

勝谷　それに我々日本人も、政治というとどうしても各国の政治をイメージしてしまう。

中田　そもそもヨーロッパ的な政治というのは国家、つまり自分の国のことなんです。イスラームには、国家意識というものは本来ありません。アッラーを信じる者はどこに住んでいても、どこの「国」の人間でも同じなのです。

王様と奴隷も同じだと言う、イスラームの平等とは何か？

中田　たとえば、フランスは「自由・平等・友愛」と言いますが、それなら、なぜ外国人移民の流入を制限するのか。帝国主義時代には、植民地の人間をまったく平等には扱ってこなかったじゃないか。ドイツは民族主義ですから、元から全然平等じゃない。それも困りものだけれど、フランスのように普遍主義だと言いながら、全然、普遍的じゃないという欺瞞は、相当たちが悪い。

勝谷 イスラームの平等というのは、ヨーロッパ的な自由や平等とは、まったく違うんですね。

中田 **イスラームの平等とは、神の前での平等です。**現実の社会で差別や階級があろうがなかろうが、人間は平等なんです。神というのは、基本的に無限の存在ですから、我々から見ると一〇〇と一の違いは大きな違いであっても、神から見ればどうでもいいような差になってしまう。

勝谷 **神と人間は圧倒的に違う。だからこそ、人間はすべて同じ存在なのだ**と。

中田 王様も奴隷も一緒なんです。ただ、人間の中に王様のような恵まれた存在がいて、一方で自由のない奴隷がいることが、おかしいとはならない。差別や階級があることは問題にはならない。すべての人間は、神の前では平等であるということが重視される。

男女を考えてみてください。男と女は、そもそも肉体的に違いがありますが、神から見れば同じです。それは人間だけでなく、犬でも猫でも、蟻《あり》や毛虫に至るまですべて平等なんです。

勝谷　サウジアラビアあたりでは女性は顔を隠さなければならないとか、外で働いてはいけないと言われます。あれは、欧米から見ると「女性差別」だと言われる。これも、平等と言えるのでしょうか？

中田　「差異」があるのは関係ないということです。顔を隠そうが隠すまいが、仕事をしようがしまいが、同じように礼拝するわけですから、神の僕《しもべ》であることは何も変わらないのです。

勝谷　神に対しては皆、同じなんですね。

中田　たとえばイスラームと言えば、お酒を飲んではいけないとよく言われますが、それは、王様や大金持ちなら飲んでいいということではありません。子どもでも大人でも、飲んでいけないものは飲んではいけない。

巡礼のときは、男と女では服装が多少違うのですが、男だったら王様でも奴隷でも、同じようにタオルのような布二枚だけしか身に付けません。誰もが皆、ほとんど裸でやらなくてはいけない。

お墓も同じ。二〇一五年一月にサウジアラビアのアブドラ国王が亡くなってお墓の写真が出ましたが、墓標とかそういうものはありません。ただ土に埋めるだけです。

勝谷 人間の世界にある差異というものを超越しているわけだ。

中田 差別はありますし、階級もありますし、差異もある。だけど、そういうことは別にどうでもいいじゃないか、というのがイスラームの平等です。金持ちでも貧乏人でも男でも女でも、神の前では同じじゃないかと、それを普通に思えるのがイスラームの思想なんです。

お酒を飲んではいけない戒律、『クルアーン』にはこう書かれている

勝谷 イスラームでは、宗教と政治を分けては考えない、宗教的理念を実現するために政治があるということはよくわかりました。また、イスラームでは法学的な考え方をすると言います。「イスラーム法」という言葉もある。これもまた、宗教的理念を実現するため

の法と考えていいんでしょうか？

中田　非常に単純に言うと、**神は我々人間に、何が正しくて何が間違っているかを教えてくれています。ですから、私たちはそれに従って生きていけばいい。**この神の言葉がイスラームの「法」です。

勝谷　神の言葉というのは、『クルアーン』のことになるんですか？

中田　少し整理しておきましょう。神から預言者ムハンマドが受け取った啓示、それらを記録したものが『クルアーン』です。そしてムハンマドの言行録を、後の弟子たちがまとめたものが「ハディース」だと前にお話ししました。この二つの総体が「イスラーム法」になります。

勝谷　その二つの書物が大きな軸になる。

中田　ただし、我々人間は不完全ですから、常に神の教えを正しく理解して実行できるとは限らない。そもそもこの『クルアーン』と「ハディース」は解釈がとても難しい。まず『クルアーン』は三時限目でも言いましたが、神が約二三年かけてムハンマドに伝えたものですから、なにしろ量が多い。しかも、ムハンマドが啓示を受けた順に並んでいるわけではないので、前後の関連がわからないものがほとんどです。

勝谷　私も上っ面を流し読みしただけだけれど、非常に暗示的な文章だと感じました。

中田　イスラームではお酒を飲んではいけないという有名な戒律がありますが、それを示す箇所が三つあります。ちょっと引用してみましょう。

彼らは酒と、矢についてお前に問う。言え、「その二つは大きな罪と人々への益があるが、両者の罪は両者の益よりも大きい」（第二章二一九節）

信仰する者たちよ、おまえたちが酔ったときには、言っていることがわかるようになるまで、礼拝に近づいてはならない。（第四章第四三節）

信仰する者たちよ、酒と賭け矢、石像と占い矢は不浄であり悪魔の行いにほかならない。それゆえ、これを避けよ。きっとおまえたちは成功するであろう。（第五章九〇節）

勝谷　とにかく飲酒は禁止だ、という規則のようなものではない。二番目などは、酩酊《めいてい》して礼拝してはいけないというような意味に思える。

中田　ところが三番目は、「悪魔の行いだ」と強く非難している。この三つをどう受け取ってどう理解するかが問題になります。

勝谷　「ハディース」も同様ですか？

中田　「ハディース」は『クルアーン』以上に難物です（笑）。まず全体の総量からしてはっきりわかっていません。というのは、イスラームにはキリスト教の教会のように教義を公的に決定する機関がなく、すべてが個人の収集記録になるからです。これが、膨大な数に及びます。

勝谷　日本語で読めるものも、あるんですか？

中田　二〇一四年に亡くなられたのですが、牧野信也さんというイスラーム学者が長年にわたって訳したものが、『ハディース　イスラーム伝承集成』（中央公論社）という本になって全三巻で出ています（文庫版は全六巻）。この「ハディース」は、九世紀のイスラーム学者ブハーリーという人が集めたものです。日本ムスリム協会からは、イマーム・ムスリムという学者が編集した『日訳サヒーフ・ムスリム』というハディース集（全三巻）が出ています。

勝谷　それはブハーリー氏が編集したもの以外にも、ムハンマドの言葉は他にも存在するということですか？

中田　ほかにもイブン・ハンバルなど、有名なハディース学者、法学者たちによってさまざまなハディース集成書が多数編纂されています。

それだけにとどまらず、ムハンマドの言葉ひとつひとつに伝承者の系譜が付きます。つまりその言葉をブハーリーは誰から聞いたのか、その人は誰から聞いたのか、さらにその人は……と七人くらいの名前が列挙されるんです。

勝谷　それは、まさに膨大な伝承の文化ですね。

中田　もともとがそのように大変膨大で、解釈も難しいものなので、八世紀頃からムスリムたちによって『クルアーン』と「ハディース」の全体を一貫した行為規範の体系として理解しようという試みが始まったんです。これが、イスラーム法学です。

勝谷　**イスラーム法学とは、神とムハンマドの言葉を正しく理解するために生まれた学問だということですね。**

イスラームにとって「法」とは、「水飲み場に通ずる道」なのだ

中田　先ほどから「イスラーム法」と言っていますが、これは実は便宜的な翻訳語です。というのは「イスラーム法」にあたる言葉がムスリムの共通語であるアラビア語にはありません。日本で「イスラーム法」と訳されている言葉は、本来は「シャリーア」というものです。

勝谷　**神の言葉『クルアーン』と預言者ムハンマドの言行録『ハディース』、この二つの軸を合わせたものが「シャリーア」になる。**そして「シャリーア」を便宜的に日本語に訳すと「イスラーム法」になる。

中田　そして、「シャリーア」とは**「水飲み場に通ずる道」**という意味でもあります。

勝谷　まさに砂漠の民の言葉だね。おそらく太古から、沙漠を行く多くの人々が水飲み場

にたどり着けず、喉《のど》が渇《かわ》いて死んでいったんでしょう。だからアラブの人たちは、神の言葉に従うようになっていった。前にうかがった、旅人に出会ったら泊めてあげなさいとか、困っている人には喜捨をしなさいというのは、まさにその表れなんですね。

中田　「シャリーア」、つまり**「イスラーム法」とは「神の定めた掟」**なのです。喉が渇いた人は、その道をたどれば喉の渇きを癒《いや》す水に行き着くことができる。同じように、**神の掟に従って生きれば、私たちは命の水にたどり着くことができる。**

勝谷　我々が考える「法律」とか「憲法」とか「条例」ではなく、もっと大きな「法」、たとえば**「自然法」**という言葉が近いんでしょうか？

中田　まさにそうです。ムスリムは、神の法に従って生きる民なんです。「法律」というものは独裁者が勝手に作ったものであれ、民主的な手続きで作られたものであれ、しょせんは人間が作ったものです。それは人が人を支配することです。これはイスラームの考え方とはほど遠いものです。

勝谷　**人間はすべて平等なんだから、人間が人間によって、人間が作った法律によって、縛られたり動かされたりするのはおかしい。**これは非常に論理的な話だ。

中田　イスラームが、近代的な「国民国家」と真っ向から対立してしまうのはそこなんです。国家とは法律によって、国民を支配するものでしょう。それに従って生きるというのは、いわば国家を崇拝することでもある。これは、イスラームの教えが禁ずる偶像崇拝そのものなんです。

では、なぜ人は国家に従ってはいけないのか。国家というのは法人です。これはいかに民主的に運営されていようが、しょせんはフィクションなのです。そこに実体は何もない。この世に実際に存在するのは、私たち人間しかいない。

勝谷　国家がフィクションであるというのはわかります。虚構に過ぎないのだから、それに従うのは非常に危うい。そして有史以来、おそらく何億もの人々が国家という不確かで不完全なものによって命を落としています。

「国家」がフィクションなら、「神」もまたフィクションではないのか？

勝谷　ただし、ここで疑問がある。これはムスリムである中田くんに対しては失礼で意地悪な質問かもしれないけれど、「それでは、神は人間が創り上げたフィクションではないのか」という問いにはどう答えますか？

中田　それは「神」という概念の話ですね。「神」という概念は、人間が創り上げたフィクションだとは言えますが、その概念に対応する実体が、実在するかどうかは別問題です。私は、「国家」という概念に対応する実体が存在するとは思いません。しかし、「神」という概念には、「猫」や「太陽」という、概念に対応する実体があるのと同じく、実態が実在すると信じています。**人間が「神はいるのか」「それともいないのか」と考える以前に、神は存在する**のです。だから神なのだと言える。私はもちろん、神の存在を信じています。

ただし、異教徒の人にも無神論者の人にもわかるように説明を試みるとすると、神はただひとつの存在だと言います。

勝谷　一神教ということですね？

中田　ユダヤ教でもキリスト教でも同じですが、イスラームの場合も、神は唯一です。ということは、どんな人間であっても平等に教えを乞うことができます。言ってみれば、**すべての人間が同じようにアクセスできる存在**なのです。これはもう、疑うことのできない現実です。決してフィクションではない。

勝谷　「我思う、故に我あり」ではないけれど、私という人間が存在するのはフィクションではない。そんなそれぞれの人間が同じようにアクセスして教えを受け取ることができるのだから、神もまた確実に存在する。

中田　そういうことです。

勝谷　偶像崇拝の禁止、多神崇拝の禁止というのも、そう考えるととてもよく理解できる。人間が、それぞれバラバラにいろいろなものにアクセスして、いろいろな教えを得ていたら、世界中が混乱してしまう。

中田　それが、まさに現代社会の状況じゃないでしょうか。

中東で独裁国家が次々と誕生したのは、西欧式の法の支配を持ち込んだからだ

勝谷　そこで聞きたい。イスラーム社会には、そもそも国家という概念はなかった。しかし、それが西洋から持ち込まれてからは、どう変わってしまったんでしょうか？

中田　国家というフィクションがやってきて、同時に民主主義という概念が入り込む。これがイスラーム社会をややこしく非常に危険にしている。

かつては、支配者は単なる支配者に過ぎなかった。

勝谷　前半で聞いたように、支配者と被支配者というのは、単純に税金を取る側と取られる側。搾取する方とされる方だった。

中田　国家という概念が西洋から持ち込まれると、法律ができますから、国民は法律とい

うものに支配されることになる。

勝谷　しかもアラブは、もともとが支配者と被支配者の社会だから、**法律もまた支配者によってまさに支配されることになる。**つまりイスラームで独裁国家が誕生するのはそんな理由がある。

中田　イラクのサダム・フセイン、シリアのハーフィズ・アル＝アサド（現在のバッシャール・アル＝アサド大統領の父親）、リビアのカダフィなど、彼らは本当に独裁者で恐ろしい存在でした。

勝谷　ナチス・ドイツのヒトラーがそうだったように、独裁者になるには選挙で勝って民衆の支持を得なくてはいけなかった。決して自分の名だけで君臨するわけではない。

中田　**国民を代表しているという「建前」で支配している独裁者が、実は一番怖い。**「人民の名において」というきれいごとで、何でもできてしまうから。

勝谷　ナチスのホロコーストも、彼らは「人民の名において」行ったんですね。

法律も国会も存在しないサウジアラビアは、国王による独裁国家なのか？

中田　一方、サウジアラビアは圧倒的な階級社会で、国王が絶対的な権力を持っています。ムハンマドが生まれたマッカと墓のあるメディーナのある国です。スンニ派の中でも最も厳格な「ワッハーブ派」が国教ですから、飲酒はもちろん音楽や映画も禁止です。女性が外で働くこともできません。何よりサウジアラビアには法律がありません。だから、とても恐ろしい国のように外からは見えます。

勝谷　**サウジアラビアには法律も国会もない**んだ。

中田　人間が守るべきことは神が示している、という考え方から、法律も国会もありません。それでは、**サウジアラビアは国王による独裁国家なのかというと、そうではない。**

勝谷　政治学的に言うと、独裁国家、独裁政治とは先ほども言ったように「国民の大多数の支持によって権力を付与された独裁者による政治」という定義になる。それに対してサウジアラビアの場合は専制国家です。定義的には「身分的支配層が被治者と無関係に営む統治」ということになる。

中田　そこで大切なのは専制とは何か、という問題です。これは、**王様がすべて好き勝手に国を動かしていいということでは決してありません。**特にアラブの国の場合、本来、専制政治とは**伝統そのもの**なのです。それは王家の伝統であり、イスラーム法という伝統の下にある。

勝谷　法律も国会もないし、王家の支配なんだけれども、**イスラーム法がその上にある。**

中田　王様は、階級上はあらゆる国民の上にいるんだけれども、この法と伝統には決して勝つことができない。なぜなら**イスラーム法と国の伝統は誰でも知っていることなので、王様や王家が妙なことをしたら「それはおかしい！」と言われてしまう**から。

現在、世界中で王家や王様が専制をふるう国というのはほとんどない。サウジアラビアはそういう意味では非常に珍しい国です。

しかし、専制国家は以前は、どこにでもあった。アジアやアフリカなどには、政治や経済が大混乱に陥っている国が現在もたくさんありますよね。そういう国は、以前はみな専制国家だったのですが、「人民の名のもとに」民主主義が入り込んでいった国なんです。

勝谷　つまり、失敗国家だ。ヨーロッパとアメリカが無理矢理に民主主義という概念を持ち込んだおかげで、恐怖政治へと化してしまった。

中田　サウジアラビアの例に見るように、王様といえどもやりたい放題ではなく制約はあるのですから、専制国家のほうがまだよかった。ところが「人民の名において」という独裁者は恐ろしい結果を招いてしまう。

勝谷　要は無法になりやすい。たとえば、富や不動産など個人が持っているものであっても、それは国のものだという論理が通用してしまう。

中田　それを可能にしたのが民主主義です。民主主義というのは要するに代表制です。誰かが代表してものを言ったり決めたりするけれど、問題が起きたとき、その誰かが責任を取るかといったらそんなことはない。「私は人民の代表としてやっているんだ」と言ってしまえば、その人の責任はなくなるわけです。

勝谷　日本の原子力発電なんて、まさにその典型だ。日本は資源に乏しく石油がないから原発をたくさん造りましょうというのは、日本国民の総意とされていた。少なくとも福島で事故が起きるまでは。

中田　だから国家という法人、民主主義というフィクションによって、経済発展が可能になったり、国家自体が発展したりというプラスの結果もあるでしょう。しかし、私は基本的には宗教者であって人文科学者なので、道義的に見るとそれによって失われたものはあまりに大きいと言わざるを得ない。

イスラームは、常に近代化を疑い是正してきた

勝谷　フィクションというものをできるだけ排除して、実体だけを重んじるというのがイスラームの考え方なんですね。

中田　イスラームでは**ムハンマドに近ければ近いほどいい**という考えです。

そして、**常に近代化というものを疑い、是正してきた。**国家という概念は、近代になってできてきたことですから。そういう代表制の考え方と法人の概念を解体してみる。それによって生まれた成果は共有してもいいと思うかもしれない。しかし、原点に戻って見直してみたら、実はそれらはフィクションであって、**実際に存在するのはただ、我々の生身の人間だけであるとわかる。**我々はそこに立ち戻る必要があると考えるんです。

勝谷　そう言えば、イスラームでは紙幣というものを認めませんね。

中田　金貨と銀貨しか認めません。

勝谷　**金や銀には実体がある。一方、紙幣は虚像にしか過ぎない。**単なる紙切れです。

中田　金貨や銀貨は貴金属ですから、それ自体に何円なり何ドルなりという価値があり、等価交換できます。実に単純明快。なぜなら実体があるから。

勝谷　一方の紙幣は、いわば「これだけの価値がある」という取り決めに過ぎない。

中田　私はそこに、先ほどから述べている**国家の持つ傲慢《ごうまん》な暴力性**を見ます。言ってしまえば紙幣とは国が権力を背景に価値があると言い張っている記号に過ぎない。ここにこそ大きな分かれ目がある。単なる記号だから、実体を離れてどんどん膨らんでいく。

勝谷　考えてみれば恐ろしいことです。かつて、一ドル＝三六五円という固定相場が長く続いて、日本人はみな、それが当たり前だと思っていた。ところが、ニクソン・ショックとスミソニアン協定で、一夜にして変わってしまうなんてことが起こる（ニクソン・ショックはドル紙幣と金兌換《だかん》の一時停止。米ドルを基軸通貨とする固定相場制であるブレトン・ウッズ体制の終結を告げた）。経済なんて、何の実体もなくて、現代においては国家間の取り決めだけで決まってしまう、ということを知らされた衝撃的な出来事でした。

中田　国家も経済と同様に虚像であることは間違いない。それにもかかわらず、虚像である国家がすべての権限を握ってしまう。これは非常に怖いことだと私は考えています。

勝谷　**近代化とは、我々の住む世界に虚像が入り込んだ時代である**と言えますね。そんな近代資本主義の虚像が最大に膨れていったのがリーマン・ショックだった。

中田　そして虚像とは偶像のことでもあります。それによって便利ないいこともたくさんあるんだけど、イスラームだけでなく、キリスト教を含めた一神教の宗教は偶像崇拝の恐ろしさを知っているので、それをなんとか抑え込むためのシステムをかつてはたくさん作っていた。ところが、今ではそれが全部壊されてしまっていて機能していない。

勝谷　そう説明されると、偶像崇拝の禁止の意味がとてもよくわかります。今はユーチューブのようなツールがあるからイスラーム国（ＩＳＩＬ）の映像などを簡単に見られて、しかもそれがツイッターやＳＮＳでどんどん拡散されていく。誰もが、わかったような気になっているけれど、実際には誰もその現場も見ていない。だから後藤健二さんみたいな勇敢な人が、真実を求めて命がけで現地に赴く必要がある。

中田　そういう意味では、アラブ諸国だけではなくて、日本だって近代化によっていろいろな面で実体が失われているのではないでしょうか。

勝谷　ただ、日本には幸いにして皇室という、世界に冠たる伝統があります。皇統二六〇〇年の存在そのものが皇室です。だから、御真影《ごしんえい》を飾っていた戦前の方が、実はまがいものです。ああいうものを拝んでいたから、おかしな方向へ進んでしまった。そうではなくて、天皇陛下というのは、あの宮城《きゅうじょう》の奥に、なんとなく存在しておわしますからいいのです。

中田　天皇陛下は「人民の名のもとに」とは、おっしゃらないでしょう？

勝谷　絶対におっしゃいませんね。「君臨すれども統治せず」と言いますけれど、今は君臨もしていらっしゃらない。

中田　実際、戦前には大川周明がイスラーム教に興味を持ち、北一輝らと一緒にイスラームをモデルに、もう一回、日本を近代国家に作り直そうとしたという話があります。

勝谷　その話は面白いんだけど、あまり知られていない。中田くんの言う実体のない近代化、西欧化に、北一輝らが危機感を持っていたのは確かでしょうね。

イスラーム教では一神教とアニミズムが、矛盾なく同居している

勝谷　イスラームと日本の決定的な違いは、信仰の対象が一神教であるか、多神教であるかが大きいのではないでしょうか。我々のように、八百万《やおよろず》の神というわけのわからないものに神秘性を感じるのは、農耕民族だからでしょうか。

中田　それはそうなんですが、そうとも言えない側面もある。八百万の神がいる日本神道

はアニミズム（生物・無機物を問わず、万物の中に霊が宿るという考え方）で、他宗教に対しても寛容だとよく言われます。それに比べてイスラームは、一神教だから寛容ではないとされる。ところが、**イスラームの世界観の基本はアニミズムなんです。**

勝谷　それは意外ですね。詳しく説明してください。

中田　たとえば『クルアーン』には以下のような一節があります。

七つの天と大地、そしてそれらのうちにある者が彼（アッラー）に賛美を捧げる。まことに、どんなものでも、彼への称賛と共に彼の超越を称え奉らないものはない。おまえたちは、彼らの賛美を理解しない。（第一七章四四節）

中田　この世にある森羅万象、すべてのものがアッラーを賛美しているけれど、人間がそれを理解できない、と言っているんです。

勝谷　動物も虫も石も砂も雨粒も、すべてが神を称《たた》えているんだけれど、それを我々は気づいていない。人間だけが神の存在を知っていると驕《おご》り高ぶっているけれど、それは違うと諭《さと》されているわけだ。

中田　先ほども言いましたが、イスラームでは神の下ではすべてが平等です。ですから**人間だけを理性的な存在として特別視するという発想は皆無です。**

勝谷　そこもまた、人間の理性を重んじる西洋とはまったく相反するわけだ。

中田　しかし、イスラームでも人間とそれ以外の存在を分けてはいる。どう分けているかというと、アッラーの命令に従うか背くか、それを選ぶ意思の存在になります。人間以外の森羅万象が、選択の余地なくアッラーを称えているのに対し、人間だけがアッラーに背くことができる。それだけ**人間とは倫理を突き付けられる存在だ**ということです。

勝谷　**罪を犯すことができるということが、人間の本質だ**ということですね。非常に哲学的ですが、キリスト教で言う「原罪」とはどう違うんでしょう？

中田　一見、似ていますが大きく違います。聖書では、神は楽園にアダムとイヴを置き、あらゆるものを食べてよいと命じたが、善悪を知る知識の木の実のみは「取って食べると死ぬであろう」として食べることを禁じた。しかし、蛇にそそのかされたイヴが善悪の知識の木の実を食べ、彼女に勧められたアダムも食べてしまう。

勝谷　その後、神が命令に背いた二人に対して何を行ったのかを問うたところ、アダムは神に創られた女が勧めたからとして、神と女に責任転嫁をして、イヴも蛇に騙されたと責任転嫁をした。これは、神が人に問いかけることで罪の自覚を促し、悔い改める機会を与えたわけだ。しかし、彼らはそれをしなかったので、その罪は後に人間たちへ延々と受け継がれることになるわけです。

中田　しかしイスラームでは、**人間は罪を犯し、罰を引き受ける可能性と引き替えに、自らの意思でアッラーの命令に従い、自らの意思でアッラーの下僕となる可能性を選び取ることもできると考えるん**です。

勝谷　非常にポジティヴなんだ。

中田　**その選択ができることにこそ、人間の尊厳と栄光がある**のです。

五時限目

ユダヤ教やキリスト教と何が違うんですか？

イスラームの神とはアッラーであり、アッラー以外に神はいない

勝谷　ここまで、イスラーム教の中の法学的な部分、政治とのかかわりを聞いてきました。これからは、まさに宗教としてのイスラーム教についてお尋ねしたいと思います。

中田　先ほど、イスラームの世界観の基本はアニミズムだと言いました。しかし、イスラームで言う「神」という概念が日本にはないから、なかなか理解されない。

勝谷　八百万の神がいると考えている我々日本人にとっては、そもそも一神教の「神」というのがピンと来ない。

中田　二時限目でユダヤ教、キリスト教、イスラーム教、この三つを最近では「聖書の預言者アブラハムの宗教的伝統を受け継ぐ」ということから、「アブラハムの宗教」と呼ぶと言いましたが、これらの宗教の文脈で言う「神」という概念が、もともと日本にはない。

概念のないものをわかれと言われても難しいでしょう。

勝谷 英語の「God」を「神」と訳したのが正しかったのかどうか、という議論もあります。

中田 イスラームの神とは何か。それを考えるにはまず、最も基本的なお祈りの言葉、「ラー・イラーハ・イッラッラー」を見ていくのがわかりやすいと思います。日本語に訳すと「アッラーの他に神はなし」という意味です。

勝谷 ムスリムに改宗するときに唱える言葉であり、モスクから聞こえてくる礼拝への呼びかけ「アザーン」でも最初の方に出てくるフレーズですね。

中田 そうです。最初の「ラー」が「ない」という意味で、次に来る言葉を否定します。そして「イラーハ」、これが「神」と訳されている言葉です。これを続けて「ラー・イラーハ」で「神はない」。そして次の「イッラッラー」ですが、これは実は「イッラー」と「アッラー」という二つの言葉が発音の上で重なっているのです。「イッラー」は英語で言うところの「but」にあたりますから、「しかしアッラーは除く」という意味になります。

勝谷 英語で言うと「nothing but」だ。だから「アッラーの他に神はなし」となる。

中田 「イラーハ」は神を現す一般名詞、「アッラー」はムスリムが信じる唯一神です。ここで誤解してほしくないのは、たくさんの神様がいて、そのうちの一柱がアッラーということではない、ということです。

勝谷 あくまでも神はアッラーであり、アッラー以外に神はいないと。

一神教でありながら、アニミズムの世界観を持つことが矛盾しない理由

中田 日本人にもう少しわかりやすく言うと、日本神道の八百万の神は、そもそも「イラーハ」ではありません。それよりも別の言葉でちょうどあてはまるものが二つあります。一つは「ルーフ」。これは「精霊」や「霊魂」という意味です。もうひとつは「ジン」。「ジン」は「妖精」や「魔神」と訳すのがぴったりくるでしょうか。『千夜一夜物語』に出てくる魔神、「アラジンと魔法のランプ」の、ランプをこすると出てくる「ランプの精」など、ああいったものです。

勝谷　そう説明してもらうと、四時限目の最後で出た、一神教とアニミズムは決して矛盾しないという構図がよくわかります。

中田　せっかくなので、アニミズムを通してイスラームの世界観をもう少し説明してみましょう。アニミズムとは「精霊信仰」などと訳されますが、基本的にはすべてのものに霊が宿っているという考え方ですね。

勝谷　日本神道の場合、それらをすべて「神」と考えます。たとえば山の神、田んぼの神。少し前に「トイレの神様」という歌が流行《はや》りましたが、あれも実は古くから「厠神《かわやがみ》」というものがあります。他にも台所の神、米粒にまで神が宿ると言われます。

すべての物が独自の言葉を持って、会話をしている

中田　そこが大きく違う点です。イスラームの神とは**普遍的な原理**のことです。**霊それ自**

体は原理ではありませんから、神ではないんです。そしてもうひとつ、イスラームで特徴的なのは、**すべての物が独自の言葉を持っている**と考えることです。

勝谷　物が会話するわけですか?

中田　物も動物もすべてです。蟻は蟻の言語を持っていますし、ミツバチはミツバチの言葉を持っている。鉱物など、無生物と呼ばれるものも同様です。面白いのは、道具にも言葉があると考えることです。たとえば椅子は椅子の言葉を持っている。さらに椅子にネジや釘が使われていて、ネジがネジ穴と合えば入るわけですが、合わない場合は、それはコミュニケーションが取れなかったと考えるのです。

勝谷　まさに物と物が会話をして、道具ができていくみたいだ。

中田　もっと面白いのは**原子レベルでも同様に考える**のです。原子の中には陽子や中性子、電子があって、ひとつの原子を構成していますよね。その組み合わせや配置が違うと、まったく別の物質になってしまいます。

勝谷　高校一年の化学の問題だ。水素原子同士が結びつくと「H‐H」で水素分子(H_2)になり、酸素原子の両側にそれぞれ水素原子が結びつくと「H‐O‐H」で水分子(H_2O)

になる。それはお互い会話が通じるから一緒になるわけですか。

中田　イスラームでは、それらをすべて原子同士のコミュニケーションと考えます。酸素であっても鉄であっても、それが物質として存在するのは、陽子や中性子、電子のコミュニケーションがそうやって成り立っているから。

勝谷　まさに万物は会話して、それぞれに結びつき、世界の構成要素となっている。

中田　そしてここが何より大切なのですが、人間が蟻やミツバチの言葉を理解しないように、蟻やミツバチも私たちの言葉がわからない。コミュニケーションツールは同様のものにしか働かないのです。そのすべてがわかるのは、神だけです。神だけがすべてを見ている。

勝谷　そうやって説明してもらうと、神だけが特別で、その他は人間であろうと虫けらであろうと、すべてが平等だという意味がよくわかります。

中田　**私たち人間は人間とだけ、蟻は蟻、ミツバチはミツバチとだけコミュニケーションを取るわけですが、実は神はそのすべてを見ておられる。**逆に言えば人間も含め、万物はそうやって言葉を持っている。意識を持っている。だから神を称えることができるんですね。これがイスラームの世界観です。

一神教のユダヤ教・キリスト教と、イスラーム教との決定的な違いとは？

中田　すべてのものに言語があり、それぞれ独自のコミュニケーションがある。言い換えれば意識があると考える。これはまさにアニミズムそのものです。ただし、それを神としてあがめるかはまた別の問題です。それでは多神教になってしまう。

勝谷　そう言われると、日本の八百万の神も、本当に多神教なのか考えてしまいますね。トイレにも米粒にも神が宿るとは言われてきたけれど、それは単に「ものを粗末にしてはいけない」とか「すべてに感謝の気持ちを持とう」という、日本人ならではの謙虚な姿勢に過ぎないのかもしれない。

中田　それはイスラームと同じです。すべてのものが意識を持つと考えることは、万物に敬意を払うということです。つまり神の下の平等です。

勝谷　他の一神教、ユダヤ教やキリスト教とは、その点で違いがあるんでしょうか？

中田　同じ一神教でも、決定的に違います。ユダヤ教、キリスト教では、**人間だけが神の似姿**です。ですから、ユダヤ教、キリスト教では**「人間と神プラスそれ以外」**という図式になります。

勝谷　『旧約聖書』創世記第一章第二六節には、〈そして神は、「われわれに似るように、われわれのかたちに、人を造ろう。そして彼らに、海の魚、空の鳥、家畜、地のすべてのもの、地をはうすべてのものを支配させよう」と仰せられた〉という文言がある。

中田　そこが『クルアーン』と決定的に違う点です。イスラームでは、神はすべてを超越しているので、この世界のどこにもいません。ゆえに、先ほどから申し上げているように、**「神とそれ以外」**という図式になり、人間と自然は同じと考える。

ただし、それでもイスラームにおいては人間とそれ以外の自然、この両者には大きな違いがあります。

勝谷　それは何ですか？

中田　まず西洋では、**人間を理性的な動物と考える**のが主流ですが、イスラームでは理性や知識によるものではなく、**責任の有無と考えます。**それはなぜかというと、前に触れたように、**人間だけが罪を犯し得る可能性を持っている**からです。

勝谷　自然は罪を犯さないと？

中田　自然は悪にはなりません。すべて神の意のままです。ところが、人間だけが自由意思を持っているから、神の意に反し、罪を犯し得る存在である。

勝谷　自然は自ら自然破壊なんかしないし、当然戦争もしない。人だけが人を不当に殺したり物を壊したりする。

中田　悪を犯し得る存在であるということにおいて、人間は宇宙の中で独自な存在なんです。

勝谷　だからこそ、人間だけが責任を問われる、責任を負う。その一点で大きく違うというわけですね？

中田　**イスラームでは人間だけが倫理的な存在**なのです。

勝谷　面白い。西洋では人間だけが理性を持つと考え、イスラームでは倫理を持つと考える。

中田　先ほど聖書の話がありましたが、その『創世記』に〈その後、神である主は、土地の塵《ちり》で人を形造り、その鼻にいのちの息を吹き込まれた。そこで、人は、生きものとなった〉（創世記第二章七節）とあります。

勝谷　「塵」とはヘブライ語では「アダム」だ。つまりユダヤ教では、人間は神が塵から作った人形に過ぎない。

中田　そこが、人間が理性的であるという考え方の始まりではないか。塵から作られたものだから、人間が自分を神と同じ存在であるかのように錯覚して、勝手に振る舞ってはいけない。

勝谷　理性か倫理か。私はそこにやはり自然環境というものを思わずにいられませんね。やはり理性というのは、雨風がしのげて食うものがあってこそという気がする。実にヨーロッパ的です。その点、砂漠では理性なんて言ってられない。**生き延びるためには、もっと直感的なもの、つまり善か悪かという倫理が求められた**ということなのでしょう。

神はただ「あれ」と言えば、そこに世界が現れた

中田　もう少しイスラームの「神」というものに、踏み込んでお話ししましょう。イスラームの神と八百万の神は、どこが根本的に違うかというと、**イスラームの神はこの世界を創った創造主だ**ということです。

勝谷　神が、この世界にあるものすべてを創った。山を創ったのも海を創ったのも、田んぼを創ったのも米を創ったのも神だから、創られたそれらのものに宿る「神」と創造主としての神は決定的に違う。

中田　もっと言えば、神がこの世界を創造するまでは何もなかった。

勝谷　神が創ろうとするまで、この世界そのものがなかった？

中田　何か空っぽの容器のようなものがあって、その中に山やら海やらを創っていったの

ではなく、世界そのものを創ったわけです。

勝谷　神はどうやって世界を創ったのですか？

中田　イスラームでは**「アッラーの御言葉が来る」**と言います。ここから世界が始まる。**神が「あれ」と命じると、そこに現れる。**

勝谷　「ビッグバン」ですね。時間と空間の区別がつかない一種の「無」の状態から、宇宙は忽然《こつぜん》と誕生した。

中田　ビッグバンと違うのは、神は「あれ」と言うだけで世界を存在させてしまいますが、逆に**「あるな」と言えばもうない。**宗教としてはここが大切なのです。**私たちが今こうして生きているのは、神が私たちを生かそうとしているから**です。生きるよう望んでおられるからなんです。

勝谷　ただ「あれ」というだけで世界が現れるというのも、キリスト教などとは違うところですね。確か聖書では神が「光あれ」と言うと、光が現れる。

中田　しかし、『クルアーン』では違います。神はただ「あれ」と言う。するとそれは、そこに「ある」のです。

勝谷　非常に観念的ですね。

すべてを知っている「神の地図」がある

中田　では、少し論理的に説明してみましょう。「あれ」とは命令形ですから、本来は命令される対象があるはずです。親が子に「勉強しなさい」というときは、勉強をしない子という対象がそこに存在しています。

勝谷　子どもがいないのに、「勉強しなさい」という問いかけはあり得ない。

中田　しかし、神の命じる「あれ」という言葉は、「存在せよ」と言っているわけですから、「あれ」と言われているものが初めから存在していたら、命じる必要はないということになります。では、こう考えるとどうでしょうか。**そもそも神による世界の創造とは、私たちの考え得るような「ある」「ない」とはまったく違う次元の話なのではないか。**

勝谷　神が「存在せよ」と言うまで、時間も空間もなかった。時間も空間もない世界というのは、我々には想像もできない。なぜなら私たちは、時間と空間の世界に生きているからだ。ゆえに我々が「ある」と思っていることと、神が「あれ」と命じることとは根源的に違う。

中田　となると、「あれ」と言われている対象も、この私たちの日常的な感覚からいうと「それまでは存在していない」ものなのです。たとえば私たち人間も、神に「あれ」と言われて初めてこの世界に存在するけれど、それまでは「ない」わけです。

勝谷　うーん、また難しくなってきたぞ（笑）。

中田　**我々の認識できる世界には「ない」ものでも、神の知識の中には「あった」**わけです。なぜこのような論理が成立するかというと、神が時間を超越した存在だからです。

勝谷　時間そのものを創ったのも神なのだから、**神は時間という概念の外側にいる**わけですね。

中田　ついでに言えば、**神は空間的な存在でもありません。**

勝谷　無から物理的な空間を創ったのも神なのだから、空間というものの外側にいる……。

中田　ただし、それではわかりにくいので、仮に、比喩《ひゆ》的に言うならば、**すべてを知っている神の地図がある**と考えればどうでしょうか。神の地図の中には、世界の始まりから終わりまで、すべての出来事や事物が入っている。それが、神が「あれ」と命じることによって、この世界に現れる。ゆえに我々人間はそれを見ることができるのです。

勝谷　現象学的な世界観ですね。フッサールの現象学では、たとえば「机」や「コップ」がそこに存在しているという客観的な確証は、究極的には得られないのだから、まずはそれが実在するという先入観を捨ててみる。そうやって「机」や「コップ」を改めて見てみると、「机」や「コップ」は、私の意識の中に現れていることを確信できる。

私たちの住むこの世界は「おいしいカレーの作り方」のようなものである

中田　私がよくたとえとして使うのは、私たちの住むこの世界とは「おいしいカレーの作り方」のようなものだということです。

勝谷　ほう、その心は？（笑）

中田　自分のよく知っていることを、それをまったく知らない人に説明するとき、どうすればいいかを考えてみるといい。カレーを何度も作ったことのある人なら、カレーという料理のイメージはもちろん、調理器具や食材、調理の手順から隠し味に至るまですべてわかっています。ところが、カレーをまったく知らない人に説明するときはそれをいっぺんに話すわけにはいかないから、材料の説明あたりから始めるしかありません。

勝谷　もしもカレーというものを見たことも聞いたこともない人がいたら、その段階では、いったいどんなものができるのか想像すらできない。

中田　理解できるのは、話されたことだけです。鍋に水を入れて火にかけるところまでしか聞いていない人は、そこまでしかわからない。沸騰するまで煮るのか、あるいはぬるま湯の段階でいいのかすらわからない。**私たちの住んでいる世界の現在とは、そんな途中までの説明のようなもの**なのです。

勝谷　神はこの世界の始まりから終わりまでを知っている。しかし私たちは、カレーというものを見たことも聞いたこともない人と同様、その全体像など知るよしもない……。

中田 私たち自身もカレーの作り方に出てくる鍋とか水とか、具材や香辛料のようなものに過ぎないんです。それが何であるか、どのような働きをするのかは、神はあらかじめご存じですが、人間である私たちにはわからない。なぜなら神に「あれ」と言われて存在しているだけだから。

勝谷 我々は具材や香辛料にしか過ぎないのだから、作り方など知る必要もないということですか？

中田 そうです。**本当の意味で存在しているのは神だけ**なのです。私たちはカレー作りのために、たまたま用意された具材に過ぎません。

勝谷 今、我々が生きている、その存在とは何になるのですか？

中田 究極的に言ってしまうと、**私たち自身は存在しない**のです。存在しないけれども、神の知識の中にはある。そこで神が「あれ」と言えば、この現象世界に現れるわけです。

勝谷 もしも私が人参だったとして、神が「今夜のカレーには、人参を入れるのはやめよう」と思ったら、私は存在しない？（笑）

中田　そうです。しかし、神の知識の中には「人参を入れたカレー」というものはしっかり存在しています。そう考えると、以下のような結論が導き出されませんか。**今、私たちが見ている世界とは仮のものに過ぎない**という。

勝谷　たまたま神が「人参を入れたカレー」を創ったに過ぎない。

中田　ですから、究極的には私たちは存在しない。この世界は仮の世界に過ぎません。真実の世界は、神の世界だけなのです。

イスラームの死生観、自爆テロは本当に「聖戦」なのか？

勝谷　我々は仮の存在でしかない。真実は神の世界だけである……と。

そこで聞きたいのは、イスラーム教を信じる人たちの死生観です。我々日本人には衝撃的だったのが、二〇〇一年九月一一日の自爆テロでした。そして湯川遥菜さん、後藤健二さんの殺害も衝撃的でした。もちろんアルカーイダやイスラーム国（ＩＳＩＬ）がイコール・イスラーム教ではないのだけれど、それでも、ああいった過激な行動は、我々と根本的に違う死生観とが結びついているせいではないかと、どうしても考えてしまうわけです。

中田　その気持ちは、私にもわかります。これからイスラームの死生観についてお話ししますが、本書の冒頭でも申し上げたように、九・一一のアメリカ同時多発テロ、あの実行犯はムスリムだと言われています。でも、アメリカ側の発表によると、彼らは事件前パブでお酒を飲んでいたと言う。**飲酒は戒律で固く禁じられています**から、普通のムスリムでは考えられない行動です。

これも繰り返しになりますが、イスラーム法学者としては、「自爆テロなどというものはしてはならない」と言わざるを得ません。

勝谷　自爆テロは、イスラーム過激派の専売特許というイメージがありますが。

中田　イスラーム過激派と呼ばれる人たちがどういう思想を持っているかは知りませんが、そもそもイスラームでは**自殺は禁じられている**のです。

ジハードには、「聖なる」とか「戦争」という意味はどこにもない

勝谷　そのあたり一般の日本人は、大いに誤解していると思います。自爆テロの背景には、この戦いはジハードつまり「聖戦」であり、それで死ねば天国へ行けると思い込んでいる連中がやっていると。

中田　それでは、まずジハードとは何か、ということから始めましょう。第一に、ジハードとは自爆テロのことではありません。戦争や闘いの意味もありますが、それはごく一部です。

勝谷　日本では「聖戦」と訳されることが多い。

中田　厳密に言うと、それも正しくはありません。ジハードとは、本来「努力」とか「奮闘」という意味です。『クルアーン』には「神の道のために奮闘することに務めよ」とい

う言葉が各所に出てきますが、ここにある「奮闘」「努力」に相当する動詞は、アラビア語の「jahada（ジャハダ）」です。しかしこれは「ある目標を目指した奮闘、努力」という意味で、ここには**「聖なる」とか「戦争」という意味は、どこにもない**のです。

勝谷　それが、なぜ「聖戦」と取り違えられてしまったんでしょう？

中田　本来「神聖」や「戦争」という意味はないのですが、ただし『クルアーン』にはこの言葉が「異教徒との戦い」「防衛戦」を指す意味にも使われているんです。それが**異教徒討伐や非ムスリムとの戦争を表す「聖戦」に、いつの間にか転じてしまった**のだと思われます。

勝谷　意訳されたものが定着してしまったということだ。

中田　おそらくそうでしょう。ジハードには二つの種類があるんです。ムハンマドの言行録『ハディース』には、いちばん大切なジハードは自分の弱い心を乗り越えることだという意味の言葉が出てきます。つまり己《おのれ》に勝つ、「克己」という意味ですね。ですから**「個人の内面との戦い」を「大ジハード」、そして「外部の不義との戦い」を「小ジハード」と分けています。**

勝谷　「戦争」よりも**「己との戦い」の方が大きい**という考え方なんですね。

中田　『ハディース』にはムハンマドの言葉として、「私たちは小さなジハード（戦争）から大きなジハードに戻る」というものがあります。

勝谷　**「礼拝」とか「断食」とか、自らを律して信仰することが何より大切だ**ということですか？

中田　そうですね。イスラームには「五行」と呼ばれる、ムスリムに義務として課せられた五つの行為があります。挙げてみましょう。

一、**信仰告白（シャハーダ）**「アッラーの他に神はない。ムハンマドは神の使徒である」と証言すること。
二、**礼拝（サラー）**　一日五回、キブラに向かって神に祈ること。
三、**喜捨（ザカート）**　収入の一部を困窮者に施すこと。
四、**断食（サウム）**　ラマダーン月の日中、飲食や性行為を慎むこと。
五、**巡礼（ハッジ）**　マッカのカアバ神殿に巡礼すること。

中田　イスラームではまずこれらが大切ですが、預言者ムハンマドの言葉に、「物事の初めはイスラーム、支柱は礼拝、頂上はジハードである」とあり、ジハードは最高の行である、とも言われています。

ジハードで死ねば、必ず天国へ行けるのか？

中田　ですから、**ムスリムとは基本的には平和的な人々なのです。**

ただしイスラーム法学の専門用語としてのジハードは、「小ジハード」のことを差します。「イスラームの大義のための異教徒との戦争」ですね。

勝谷　そう説明されると、「聖戦」と訳してしまった理由も何となく理解できます。

中田　もうひとつ誤解されやすいのは、イスラームではジハードが天国へのいちばんの近道だと考えることがあります。

勝谷　ジハードで死ねば必ず天国へ行けると？

中田　イスラームのごく普通の教義です。私も含めムスリムであれば、同じ死ぬのならジハードで死にたいと願うはずです。

勝谷　それは、確かに誤解を招きやすいかもしれない。もう少し説明してもらえますか。

中田　しかし、**イスラーム教徒は死を恐れないとか、自爆テロも辞さないという話ではもちろんありません。**これは現代に限らず、ムハンマドの時代から同じで、『クルアーン』には「おまえたちには戦いが義務として書き定められた、おまえたちにとっては嫌なものであろうが」（二章二一六節）という記述があります。

勝谷　やはり「恐い」「死ぬのは嫌だ」というムスリムも多くいたわけだ。

中田　人間とは、そういうものじゃないでしょうか。死んだら天国へ行けると思っていても、それでも恐い、痛いんじゃないか、死ぬまで苦しむのではないかと恐れる。ですから、ジハードというのを「聖戦」ではなくて**「殉教」**と置き換えてみたらどうでしょう？

勝谷　殉教者というのは、イスラーム教に限らずどんな宗教にもいる。

中田　キリスト教でも、殉教者は天国へ行くとされていますし、実際にキリスト教で「聖人」と呼ばれ尊敬を集める人の多くは殉教者です。日本でも同様の例があります。戦国時代の一向一揆の際、本願寺の門徒たちは「進めば極楽、退けば地獄」と書いた旗を掲げて挑んだ。この戦いで死ねば極楽浄土へ行けると彼らは信じたわけです。

勝谷　天国ではないけれど、先の大戦では、特攻隊の若者たちが「靖国で会おう」と言って出撃していった。

「イスラームの土地を守るジハード」と「自爆テロ」が決定的に違うこと

中田　イスラームの場合は、現代になっても異教徒との戦いは頻繁にあります。近年で有名な例は一九七九年に始まった、旧ソ連によるアフガニスタン侵攻でしょう。突然、神を信じない共産主義者が侵入してきたわけですから、**「ムジャーヒディーン」と呼ばれるイ**

スラーム義勇兵たちが「イスラームの土地を守るのはジハード」と蜂起しました。そして周辺国のイスラーム教徒の若者たちも数多く参戦しました。

勝谷　彼らは、やはり「殉教」する覚悟だったのだろうね。

中田　そこではっきりさせないといけないのは、**そういった戦いと「自爆テロ」がどう違うか**という問題です。

勝谷　アフガニスタンに赴《おもむ》いた「ムジャーヒディーン」の中には、あのオサマ・ビンラディンもいた。

中田　まず、先ほど申し上げたようにイスラーム教では自殺は禁じられています。だから当然、**自殺行為はジハードではありません。**イスラームの教えでは、自殺は永遠に火獄で焼かれるほどの大罪なのです。ですからジハードによる殉教死と自殺とでは、文字通り「天国か地獄か」の差があるわけです。

勝谷　ジハードによる殉教死か自殺か、その違いを明確に見極める基準があるんですか？

中田　あります。**自爆テロのように一〇〇パーセント死ぬとわかっており、死ぬことが自己目的化している行為は自殺**です。それに対して、**ジハードは戦い抜くこと**です。死ぬまで戦う、命を削って削って、ぎりぎりまでイスラームの教えのために戦うことなのです。

勝谷　それも大戦末期、旧日本軍の特攻隊と重なる部分があります。特攻攻撃を最初に発案して指揮した特攻の生みの親、大西瀧治郎海軍中将自身は、「特攻とは統率の外道である」と発言しています。これは軍事作戦というものは、あくまで九死に一生で生還できる可能性のあるものであり、特攻とは「十死零生」じゃないかと。これは作戦、つまり戦闘の名に値しないという意味で言ったとされています。

中田　古今東西、どんな国、どんな宗教でも、自爆テロなどというのは、本当に愚かで悲惨な行為だということでしょうね。

こんな「ジハード」は、イスラーム法を知っていれば決して赦されない

中田　ここでイスラーム法学上の、ジハードの定義を明らかにしておこうと思います。ま

ずイスラーム法学では、**ジハードとは異教徒に対するイスラームのための戦闘**だということです。ですから、ムスリム同士の戦闘はどう理由を付けてもジハードにはなりません。

勝谷　イスラーム国とイラク政府軍やヨルダン政府との戦い、自由シリア軍（シリアの反政府武装組織）やヌスラ戦線（イスラーム教スンニ派の反政府武装組織。アルカーイダと関連がある）とアサド政権の対立という構図では、ジハードはあり得ない？

中田　どの勢力も、相手は西欧諸国の支援を受けているとか、敵は真のムスリムではないとか、言い分はあるのでしょうが、イスラーム法学上、ムスリム同士の戦いである限りジハードになり得ません。

もうひとつは、基本的に**イスラームのリーダーたるカリフの命令なしにはジハードは行えません。**カリフについては六時限目で詳しく述べますが、それも「ダール・アル＝イスラーム」、これは「イスラーム法が施行される空間」という意味ですが、その**イスラーム圏を拡大するためのジハードを命じることができるのはカリフだけです。**

勝谷　二〇一四年にアブー・バクル・アル＝バグダディがイスラーム国の建国とカリフへの即位を宣言しています。彼らは、それによってジハードを正当化しようと考えたのでしょうね。

中田　これは前に申し上げましたが、**イスラームでは敵を焼き殺すことは禁じられていま す。**これはイスラーム法の根拠となる『ハディース』に明言されています。

勝谷　イスラーム国によるヨルダン人パイロット、ムアズ・カサスベ中尉の処刑なんてまったくのダメじゃないですか。

中田　本来はそうです。そして**イスラーム法的に言えば、現代の戦争はすべて赦《ゆる》されません。**ミサイル、爆弾、重火器と、使われる兵器は、どれも人を焼き殺すものばかりじゃないですか。それと、戦争では空爆によって兵士以外の一般市民も犠牲になっていますが、これもイスラーム法の見地からは重大な犯罪です。ただし例外として、**相手がそのような残虐な行為を先に仕掛けてきたとき、その報復などの場合には赦される**という説もある。だから近代戦では、本来のイスラームの倫理がうまく機能しなくなっている、ということはあります。

勝谷　戦闘員以外への攻撃というのは、国際法上でも違法です。だから広島・長崎への原爆投下も東京大空襲も、何の言い訳もできない違法行為である大量虐殺です。そういう意味では、イスラーム法とは実に理にかなった法なんだ。

中田　イスラーム国のアル＝バグダディが勝手に名乗っているカリフではなく、将来、真のカリフが誕生しても、ただちに非イスラーム世界へジハードを仕掛けるということはあり得ないのです。おそらく未来永劫ジハードという教義がなくなることはないでしょう。ですから異教徒に対する戦闘は、潜在的にはあり得るでしょう。ただ、現実問題として、**イスラーム世界と非イスラーム世界とが、軍事的「戦争」状態に至ることはない**のです。

イスラームでは、死んだらどうなると教えられているのか？

勝谷　イスラーム法上のジハードの定義は、よくわかりました。しかし現実には、イスラーム諸国で、イスラーム教を信じている人間による自爆テロが実に多い。自爆テロをすれば天国に行けるというのはあり得ないと話してくれたけど、それだけムスリムの人たちにとって、天国や来世がいいものだと信じられている背景が、あるからこそではないのですか？

中田　それではここからは、イスラームでは死んだらどうなると考えられているのかを、お話ししましょう。

イスラームでは、死をどうとらえているか。『クルアーン』に書いてあることを総合すると、**死とは肉体と霊が離れることだ**と言えるでしょう。これを霊肉二元論と言います。肉体が死ぬと霊がその肉体を離れる、あるいは、霊が離れたから肉体が死ぬ。多くの日本人の持つ死のイメージとほぼ同じではないでしょうか。

勝谷　私も実の母親をはじめ何人もの死を見てきましたが、やはり不思議なものだと思った。特に我が家は親父が医者で弟も医者という家系ですし、私も科学的に考えれば、死は肉体の損傷なり不具合によって心臓や脳の機能が停止することだと捉えていた。だけど、実際に死に立ち会うと、魂のようなものが肉体から抜けたとしか思えない。

中田　ただ、イスラームと日本とではここからの感覚がかなり違います。イスラームでは**人が死ぬと、その肉体は死んでしまっても、霊魂にはしばらく意識がある**というのが通説です。肉体しか見えない私たちには、死者に意識があるかどうかはわからないのですが、霊魂は肉体の死後も、肉体から完全には離れず意識を持っていると考えるのです。

勝谷　かなり違いますね。死んだはずの人が生き返って臨死体験を語ったという話は、世界中にあります。日本では天井に浮かんで死んだ自分と泣き崩れている家族を見ていると か、あるいは綺麗《きれい》な花畑を歩いていて三途の川に行き着くというパターンが多い。そういう臨死体験があるのは、我々が死に対してそういうイメージを抱いているからでしょうね。

中田　イスラームの場合はその後、お墓に入ると、その中で審判があります。神が遣わした天使がやってきて、お墓の中で「お前の主は誰か」「お前の預言者は誰か」などと審問されます。その間は、信仰者は墓を広げられて快適に暮らすことができるけれど、不信仰者は墓を狭められ、天使に責められ苦を味わいます。

勝谷　おちおち死んでいられない（笑）。そういうことがあるから、生前にしっかり信仰していなさいと戒《いまし》めているのでしょう。

中田　そうしたことがあった後、死者はいつの間にか眠ってしまう。そして最後の審判のときによみがえる、とされています。

勝谷　日本人の感覚とはかなり違いますね。仏教では人は死後、魂を清めて仏になるために中陰《ちゅういん》の道を歩き、あの世を目指す（中陰とは、人の死後の四九日間を言う。この間は霊魂が現世と来世の間をさまよっているとされる）。その所々に審判の門があり、生前の罪が裁かれる。「十王裁判」（十王は一〇人の裁判官）といって、初七日に不動明王、一四日で釈迦如来、三五日目で閻魔《えんま》大王の裁きを受けるといいます。

中田　イスラームにおいては、**死者は魂が消滅したり、天国や地獄へ行くのではなく、あくまでこの世界にいる。**そして、**お墓の中で深い眠りについている**と考えられています。

「最後の審判」とは、「世界の終末」のことなのか？

勝谷　それでは、いつ天国へ行けるんですか？

中田　ごく簡単に言ってしまうと、**最後の審判の後にくる永遠の来世が、イスラームの考**

える天国です。

勝谷　最後の審判がくるまで、人間はお墓の中で眠り続けているのですか？

中田　そうです。

勝谷　最後の審判というのは、いつくるんでしょう？

中田　わかりません。明日かもしれないし、もっと先かもしれない。

勝谷　それに関して、『クルアーン』には書かれていないんですか？

中田　最後の審判の兆しについては、記述があります。『クルアーン』にも『ハディース』にもあります。しかし、それがいつかについては、神しか知らないとも明言されています。ただし、昔の言葉なので、いろいろな意味に取れるんですね。

勝谷　ノストラダムスの予言詩みたいに？

中田　ノストラダムスが聖書や『クルアーン』に影響されているんでしょうけれど。たとえば、ユーフラテス川から誰も欲しがらないほど金が取れるようになるとか、地震や大火が起きるとか、人語を話す獣が出現するとか、偽キリストが現れるなんていうのもあります。

勝谷　荒唐無稽だな、まさにノストラダムス的だ（笑）。

中田　終末論はユダヤ教にもキリスト教にもあるのですが、イスラームで特徴的なのは二本立てになっているところです。

大雑把に言うと、**最終戦争があって善の側、イーサー（イエス）とマフディー（救世主）の側が勝って、正義の平和が実現します。**しかしキリスト教の千年王国とは、違ってこの平和は長くは続きません。その後に天変地異が訪れて、世界は完全に滅びます。

勝谷　世界が滅ぶというのはどういうことだろうか。どうにもイメージできない。

中田　この宇宙のすべてのものが、すべて死に絶えるということです。だから天使までもが死にます。この宇宙全体の歴史が終わるということです。そして、それまでに死んだすべての死者がよみがえって、最後の審判で裁かれる。

勝谷　アダムとイヴの時代から、その終末に至るまでの間、死んだ人間（つまり、お墓の中でずっと眠りについていた人間）も動物も全員がよみがえる？

中田　そういうことです。そして次の世界が始まる。それが永遠の来世です。

永遠の来世では、どんな天国と地獄が待っているのか？

勝谷　来世というのは、イスラームではどういう世界なんですか？

中田　キリスト教の天国とそれなりに近いイメージですが、やはりアラブという環境を背景にしているので、『クルアーン』の描写には涼しさということが強調されています。川が流れていて涼しい木陰があって、ナツメヤシや果実がたくさんある。おいしい食べ物、飲み物がある。それからたくさんの伴侶《はんりょ》が与えられます。アラビア語には配偶者を意味する単語に性別はないので、男性には妻を、女性には夫をということになります。

勝谷　一方の地獄は？

中田　いろいろな説があるのですが、通説では七つの地獄があると言われています。仏教には地獄の苦しみを形容する「阿鼻叫喚《あびきょうかん》」という言葉がありますが、これは「阿鼻地獄」

「叫喚地獄」、双方とも罪人を猛火で焼くところですね。イスラームでもやはり、火で焼かれる地獄はあります。けれど他にも寒冷地獄があったり、まずいものを食べさせられたり煮え湯を飲まされたり、身体に不気味で痛いデキモノができたりと、さまざまな苦しみが待ち受けています。

勝谷　地獄に堕ちた者は永遠に苦しみ続けるわけですか。仏教だと地獄で長い間苦しんで罪を償《つぐな》い、他の世界で生まれ変わったりしますよね。

中田　**イスラームに輪廻転生《りんねてんしょう》はありませんから、生まれ変わるということはありません。**ただイスラームの地獄は、罪を犯した人間が罰を受ける場所ですが、信仰者であれば最終的には救われます。ですから逆に言うと、多神崇拝をした者、積極的な無神論者は永久に救われることがない。

勝谷　なるほど。唯一神に対して、根本的に背いたものは救いようがないということだ。

イスラームの死とは「眠り」であり、死者には意識や感覚もある

勝谷 イスラームは土葬ですよね？

中田 先ほど申し上げたように、**イスラームの死は基本的に眠っている**わけです。仏教のようにあの世を目指して中陰の道を歩いているわけではなく、この世にとどまっている。さらに、**死者には意識や感覚もある**とされています。ですから、火葬ということは身体を焼かれることで、そんな苦しいことをしてはいけないという考え方です。

勝谷 臓器提供が赦されていないのは、同じ理由ですか？

中田 『ハディース』には「死体を傷つけることは生きている人間を傷つけるのと同じことである」とあります。今はイスラーム圏も西欧化されていますから、法律的に臓器提供が赦される国もありますが、ムスリムの感情としては、反対する人がほとんどだと思いま

す。

勝谷　国王が亡くなっても墓標もなく、ただ土に埋めるだけ、という話が前にありましたが、生前に国王であっても庶民であってもお墓は同じですか？

中田　基本的に同じです。遺体に沐浴《もくよく》を施して身体を清め、その後で全身を布で覆います。お墓は縦穴を掘って、そこから横穴を掘って埋葬します。

なぜ、殉教者だけが死んだときのままで埋葬されるのか？

中田　ただ、ひとつだけ例外があります。殉教者の場合はそれをやりません。お墓は同じですが、遺体を清めることも布でくるむこともしません。死んだときの服のまま、血まみれの姿のまま、礼拝を捧げてそのまま土に埋めるのです。

勝谷　それは、どうしてですか。日本でもそうですが、たいていの場合、遺体をきれいにし、死化粧を施して埋葬しますよね。

中田　イスラーム法学的に、**殉教者は他の死者とは別の扱いを受ける**のです。近年はシリアで、このような埋葬が日常的に行われています。内戦で毎日のようにたくさんの人が死んでいます。爆撃で命を落とした人も殉教者なのです。ですから今も、フェイスブックなどには、子どもを含めてシリアで亡くなった人たちの写真が、たくさんアップされていますが、みんな、あのまま埋めてしまうのです。

勝谷　殉教者だけが、そのままの姿で埋葬されるのですか。

中田　決してぞんざいに扱っているのではありません。では、なぜ殉教者だけは死んだときのままの姿で埋葬するのか。それは、他の死者の魂は、最後の審判を受けるまで眠り続けるのですが、**殉教者はそのまま天国へ行ける**からです。

勝谷　神とその教えに殉じて命を落としたのだから、審判を受けるまでもないわけだ。

中田　『クルアーン』には、以下の言葉があります。

「またアッラーの道において殺された者を死者と言ってはならない。いや、生きている。

ただ、おまえたちは関知しない」（二章一五四節）
「そしてアッラーの道のために殺された者たちが死んでいると考えてはならない。いや、彼らは主の御許で生きており、糧を与えられている」（三章一六九節）

中田　この二つの節を総合すると、殉教した人は死んだのではない。私たちに見えないだけで、天国で食べ物を与えられて生きているということになります。

勝谷　それが先ほど出てきた、ジハードで死ぬことが天国への近道だという意味につながるんですね。

中田　このことは、神学的にとても大きな意味を持ちます。イスラームで神に最も近いのは預言者ムハンマドです。すると、殉教者が天国で生きているのですから、**彼らより遥かに地位の高いムハンマドも、当然生きている**ことになる。他の、その後の時代の聖者と呼ばれる人々も天国で生きているわけです。

勝谷　そこが他の宗教と圧倒的に違うところだ。天国とは、死者の魂が単に昇っていく場所ではない、現世と同じように、生き続ける場なんですね。

中田　彼らは死んだのではなく、天国という秩序の中で生き続けている。しかも「私たちには見えないだけ」で、預言者や聖者と私たちは繋がっているということを意味する。すると殉教者には、もうひとつ意味ができてくる。**彼らをこの世から天国へ送るという行為を通して、私たちは、預言者や聖者たちとコミュニケイトしている**ということになるのです。

現代のイスラームの国々でも、なぜ公開処刑が行われるのか？

勝谷　人の「死」についてお話をうかがってきましたが、今度は死刑について聞きたい。というのは、サウジアラビアやアフガニスタンなどのイスラームの国では、今でも公開処刑（見せしめなどの理由で公開で行われる処刑）が行われています。あれにはどういう意味があるのですか？

中田　イスラームだからということではなく、まずは一般的な刑法学、社会学的に考えてみましょう。刑罰の意味には二つあります。ひとつは応報刑で、罪はその罪と同様の罰であがなうというもの。

勝谷　人を殺した者は、殺されることで罰せられるべき。「目には目を歯には歯を」ですね。

中田　もうひとつは教育刑。これには特別予防と一般予防と言われる二種類があります。特別予防というのは、刑罰を与えることによってその犯罪者を矯正《きょうせい》する、教育していくということです。そしてもうひとつの一般予防というのが……。

勝谷　社会全体を啓蒙《けいもう》していくということ？

中田　教育刑をやる意味は、それを知った人々が「ああ、悪いことをするとこういう目に遭うんだな」と知る、そして「やってはいけないんだ」と啓蒙されていく（一般予防）。そして、その犯罪者を矯正し、教育していく（特別予防）。

　ということは、死刑の場合、教育刑主義は少なくとも特別予防の点では意味がない。本人が死んでしまいますから、教育できない。特別予防の面から見て、死刑はあり得ないんです。しかし、社会への啓蒙の意味だとあり得るわけです。イスラームはそちらの立場をとっているので、**一般予防の意味で、死刑はできるだけ見せた方がいいと考える。**

勝谷　イスラーム諸国では、公開するのは死刑だけじゃない。泥棒すると手を斬り落としたりする。

中田　できるだけたくさん見せた方がいいという考え方だからです。

勝谷　『クルアーン』に書いてあるんですか？

中田　見せなさいというのは『ハディース』に出てきます。手を斬り落としなさいというのは『クルアーン』にあります。

勝谷　残虐な方がいいということですか？

中田　残虐性はあまり関係ない。それよりは、人々に見せることが大切。

勝谷　やったことに対する応報はこうであると、民衆に知らしめることが重要なんだ。

中田　死刑であれ他の刑罰であれ、国なり宗教がそれを認めてやっているならば、オープンにすべきという考え方です。その点、日本は死刑を見せない。

勝谷　日本は真逆です。しかも、法務大臣によっては、自分が手を汚すのが嫌なのか、自分の任期中にはハンコを捺《お》さない人までいる。責任逃れもいいところだ。死刑をする以上は、公的な権力が人を殺すことには違いないんだから、人々に見せなくてはいけないという方が理にかなっている。

中田　その方が、権力の義務を果たしていると言えるでしょう。

殺人犯の量刑は、死刑か賠償金かを遺族が決める

勝谷　アメリカでは、遺族に見せますね。ショーン・ペン主演の映画『デッドマン・ウォーキング』（映画のタイトルは、死刑囚が死刑台に向かう際、看守が呼ぶ言葉）には、そういうシーンが出てくる。若い女性を強姦《ごうかん》して殺してしまった死刑囚と、修道女との交流を描いた映画だけれど、その殺された少女の両親や親族が死刑執行の場に立ち会う。

中田　その点から言いますと、イスラームの場合、死刑は基本的に民法なんです。

勝谷　つまり遺族が訴えるということですか？

中田　訴えるのは警察であってもいいんですが、遺族が第一の権限を持つということです。罪が殺人の場合、故意と過失は違うんですけれども、**故意の殺人を犯したときには遺族が——遺族というのは相続人です——裁判官の前で、その人間を死刑にするか、あるいは賠償金を取るかを決める権利があります。**

勝谷　それは実に理にかなっている。身内を殺された者としたら納得できる量刑の方法でしょう。

中田　ちなみに賠償金というのも決まっています。ラクダ一〇〇頭分とされている。ラクダにも高いものと安いものがありますから、だいたい一千万円から一億円といったところでしょうか。

勝谷　まさに遊牧民の伝統ですね。

家族が赦すと決断すれば、国王も手出しはできない

中田　もうひとつ、赦すというのもあります。**殺すか金か赦すか**、この三つが遺族の権利です。これは遺族が「殺す」と決めたら、国王であっても拒むことはできません。

勝谷　国や権力よりも、身内の心情の方が大きい。

中田　一〇年ほど前でしたか、ヨルダンの空港で日本人ジャーナリストが爆弾を持ち込んで爆発させてしまった事件がありましたね。

勝谷　二〇〇三年に毎日新聞の記者がイラク戦争の取材をして、その途中で拾ったクラスター爆弾の子爆弾を記念品として持ち帰ろうとした。ところがアンマン国際空港（クィーンアリア国際空港）でそれが爆発してしまい、ヨルダン人の職員が一人亡くなった。怪我人も五人出ました。

中田 人が一人死んだけれど死刑にはなりませんでしたね。

勝谷 殺人ではなく過失致死、過失致傷とされ、実刑判決を受けた。しかし最終的には、アブドラ国王が特赦を出して、毎日の記者は刑を免れて帰国しました（注：実刑は禁固一年六カ月。毎日新聞社長室は判決日の同日、弁護側が「判決を尊重すること」「控訴はしないこと」、及びアブドラ国王への「特赦申請をヨルダン政府に提出する方針」と発表した）。

中田 実はあれも、家族が赦したんです。ですから国王も特赦を出すしかなかった。まず家族に刑を決定する権利がある。遺族が死刑だと言えば死刑、赦すと言えば赦さなくてはいけない。国家が決めることではないんです。

勝谷 イスラーム国が拘束したヨルダン人パイロットに関しても、状況は違いますが同じ構図を感じますね。有力部族長の息子であるパイロットを救出するために、部族長たちが国王に対し、テロリストのサジダ・リシャウィ死刑囚を解放しろと迫った。

中田 そうしなければ、我々部族全員を敵に回すぞという、国家に対する脅迫なんです。

勝谷 死刑が民法であるという考え方の土台には、国家よりも部族や親族の繋がりの方が強い、大切だという確固たる思想があるわけだ。中世日本における仇討ちのようだ。仇討ちもやはり、直接の尊属《そんぞく》（先の代の血族）を殺害した者に対しては、私刑として復讐《ふくしゅう》を行っていいという制度だった。

サウジアラビアでは、毎週のように公開処刑で首を斬られている？

中田　そこでもうひとつ、死刑について述べておきたいことがあります。イスラーム国による首斬りの映像が流れて、日本ではさかんに残虐であるとか非人間的だと非難されています。私もサウジアラビアにいたときに、よく公開処刑の話を耳にしましたから、心情的にはよくわかる。

勝谷　サウジアラビアの日本大使館で働いていたんだよね？

中田　一九九二年にカイロ大学の大学院を出まして、その後約二年間、サウジの日本大使館で専門調査員をやっていました。そのときにも、首斬りの処刑が毎週のように行われていた。

勝谷　毎週ということは曜日が決まっているんでしょうか？

中田　金曜日です。金曜日はイスラームの集合礼拝の日ですので、町中の人々が大モスクに集まって礼拝します。その礼拝の後に、モスクの前の広場で処刑が行われる。私は血を見るのが苦手なので一度も見に行きませんでしたが、日本人の同僚は毎週、見に行っていました。

勝谷　その処刑は、今でも続いているのですか？

中田　普通に続いています。確かに残酷なことです。ただ、これも『ハディース』に明文化されているんですが、「人を殺すときには首を斬りなさい」と書いてあるんですね。それは、一番楽に死なせてやる方法だからというわけです。

勝谷　日本の介錯《かいしゃく》と同じだ！　切腹では、腹を斬ると腸が飛び出て苦しくて苦しくて、しかもなかなか死ねない。そこで介錯の意味で、背後から日本刀で首を斬ってあげる。

中田　後ろから首を斬り落とすのが死刑の方法です。イスラーム国が人質を殺している方法は、二番目に楽な殺し方で、動物の屠殺の方法で頸動脈だけを切るんです。そうすると血が大量に出ますから、人間は意識を失う。もう痛みを感じなくなる。殺すなら、そうやって殺してやりなさいということなんですね。

勝谷　先ほどの家族による仇討ちの話もそうですが、イスラームと日本には意外に共通点が多いんだね。

強盗殺人に関しては、遺族より公益性が優先される

中田　死刑の議論に戻りますが、同じ殺人でも、強盗になるとまた別なんです。**強盗というのは公益にかかわることなので、強盗殺人は遺族の意向とは関係ない。**

勝谷　**他人を傷つけて物を盗るというのは、個人の損得にとどまらない、「公共の福祉」に関係してくる**わけだ。

中田　イスラーム国は敵対する人々を相当数、処刑していますが、彼らはあれを強盗だと主張しています。彼らが公開しているユーチューブを見れば出てきますが、イスラーム国の兵士たちは処刑をする際、強盗の根拠として挙げられる『クルアーン』の一節を読み上げています。

勝谷　内戦の過程で、イスラーム国の財産が奪われていると捉えているんですか？

中田　イスラーム国ではなく、そこに暮らす人々の財産が奪われたということです。これは事実です。イスラーム国ができる前は、イラクやシリアの各軍閥が人々を脅迫して、金を取って、金を払わなかったら殺すということをやっていたわけです。彼らが強盗団だと言うのは正しい。

勝谷　我々は内戦というと、国同士とか反乱軍とか過激分子とかをイメージしがちだけれど、砂漠の地においては盗賊に近い。

中田　**戦争とは基本的に財産の奪い合いですから。**

勝谷　私も、イラクで武装集団に襲われたときは、金とカメラを差し出して命拾いした。

中田　イスラームでは、強盗団の中に一人でも殺人を犯している者がいれば、全員が死刑になります。だからイスラーム国のやっていることは、その点では一貫していると言えます。

勝谷　イスラームにおける領土の拡大は、「剣かコーランか税金か」だと一時限目でうかがった。その伝統にはのっとっているわけですね。

中田　それと、日本では首斬りが残虐だと言われますが、実は火あぶりの刑の方が恐ろしくて、実際に苦しい死に方なのです。

勝谷　ヨルダン人パイロットはそうやって殺された。石打ちの刑というのもあるでしょう？

中田　イランでは今でもやっています。罪人が死ぬまで、人々が石を投げ続ける。これはなかなか死なないから、本当に苦しい刑です。

勝谷　どういう罪の場合ですか？

中田　イスラームの場合、既婚者の姦通です。

六時限目

イスラームは本当に世界を乗っ取るんですか？

イスラーム国の指導者がカリフを名乗ることの意味とは？

勝谷　ここでは、イスラーム世界の長である「カリフ」、そして、そのカリフを頂点としてイスラーム世界すべてが統合される「カリフ制」について、じっくりとお話をうかがいたい。このカリフ制の再興こそ、イスラーム法学者としての中田考が長いこと強く主張し続けていることですね。

中田　はい、その通りです。

勝谷　しかし私たちには、この「カリフ」、もしくは「カリフ制」というのが何のことかわからない。むしろ、何やら危険思想なのではないかと思っている人も多いはずです。というのも、二〇一四年に、イスラーム国（ＩＳＩＬ）の指導者とされるアル＝バグダディが同国の建国と同時に、自らのカリフ即位を宣言した。その後のイスラーム国の行為を見ていると、カリフになれば何をやってもいいんだ、どんな残虐行為も肯定されるのだ、と言われているような気がしてしまう。

中田　彼らのやっていることを見れば、そう思われても致し方ないと私も思います。

勝谷　特に私たち日本人には苦い経験がある。地下鉄サリン事件をはじめとする一連の事件を引き起こしたオウム真理教の麻原彰晃が、自らを最終解脱《げだつ》者であるとか、キリストの生まれ変わりだとか称していた。宗教家がそういうことを言い出すとろくなことはない。

中田　アル＝バグダディに関して言えば、彼はアブー・バクル・アル＝バグダディと名乗っています。本人が、どういうつもりでそう言っているのかは不明ですが、「アブー・バクル」とは預言者ムハンマドの親友で、初代正統カリフ（在位六三二年〜六三四年）の名前なのです。

勝谷　そこで、イスラーム国のアル＝バグダディではなく、正統としてのカリフ制について詳しく教えてもらいたい。

アブー・バクルは有力メンバーを差し置いて、なぜ初代カリフに選ばれたのか？

中田　歴史から、おさらいしてみましょう。預言者ムハンマドは広大なアラビア半島の大半を、彼一代でほぼ統一してしまいます。そして、ムハンマドの死後、彼と共に戦った盟友や直弟子たちによって、わずか三〇年ほどの間に、現在の国名で言えば東はアフガニスタン、北はイラン、イラクからシリア、西はエジプトからアルジェリアまで、広大な領域がイスラーム帝国として征服されるのです。

勝谷　まさにムハンマドは、宗教家であると同時に、偉大な政治家であったわけだ。

中田　しかし、六三二年に**ムハンマドが亡くなると、イスラームは分裂の危機に見舞われます。**

勝谷　当然でしょう。偉大なカリスマを失ったわけだから。

中田　イスラームはその危機を、先ほど申し上げた、**ムハンマドの親友で最古参のメンバーだったアブー・バクルという人物を後継者として選ぶことで切り抜けた**のです。

勝谷　それでアル＝バグダディはその名を名乗ったわけだ。自分もムハンマドの後継者だと言いたいのかもしれない。

中田　そうかもしれません。ところでそのとき、ムハンマドの親族は葬儀の準備に追われていて、預言者の従兄弟で有力な後継者候補だったアリーという人物が、後継者指名の会議に参加していなかったのです。これが後に禍根《かこん》を残し、現在まで続くスンニ派とシーア派の対立につながっていくのですが、それはまた後ほどお話しすることにします。

勝谷　アブー・バクルは何人かの最古参メンバーの中から、なぜ選ばれたのでしょう？

中田　いくつもの理由があります。ムハンマドの親友であり最初期からの教友（預言者ムハンマドと接したことのあるムスリム）であったこと。そして、ムハンマドの最初の妻で一五歳年上だったハディージャが亡くなった後、当時、九歳だったアブー・バクルの娘アーイシャをムハンマドに嫁《とつ》がせたこと。

勝谷　アブー・バクルは、ムハンマドの義父でもあるわけだ。

中田　年齢的には、アブー・バクルの方が三歳ほど年下です。ちなみにムハンマドには、二〇人を超える妻がいたと言われていますが、最初の妻のハディージャについで、このアーイシャを最も愛したそうです。しかし、何よりアブー・バクルは誰よりも信仰心が篤《あつ》かった。そして正直者であった。ゆえに彼は「スィッディーク」という尊称を与えられていました。「スィッディーク」とは「よく信ずる者」という意味です。ムハンマドの語った「ミウラージュの奇跡」を信じ、人々に語ったことに由来しています。

勝谷　「ミウラージュの奇跡」はイスラーム教徒でなくとも、歴史が好きな人には有名なエピソードだ。ムハンマドがある夜、天使に誘われ、空を飛べる馬に乗って「遠くの街」に行き、天に昇って神や歴代の預言者と会って戻ってきたという。

中田　『クルアーン』にも書いてあるお話です。

勝谷　ただし『クルアーン』には、その街がどこかは書かれていない。しかし、『旧約聖書』に出てくる「聖なる石」に触ると天に昇るとされていることから、その「聖なる石」のあるエルサレムではないかと、イスラーム教徒たちは後に判断した。これによって、エルサレムはユダヤ教、キリスト教だけでなく、イスラーム教の聖地にもなった。

中田　ムハンマドは、陸路を歩いてエルサレムの地に足を踏み入れたことはない、とされています。

カリフとは「権力者」ではなく、「預言者の代理人」である

勝谷　カリフとは「預言者の後継者」という意味でいいのでしょうか？

中田　それに関しても、少し説明が必要です。順を追ってお話ししましょう。まずアブー・バクルはムハンマドの後継者として認められたとき、こう宣言したと言われています。「人々よ、私はあなたがたの中で最良の者であるからといって、あなたがたの上に立つわけではない。私が誤りを犯せば私を正してください」「私がアッラーとその使徒に従う限り私に従いなさい。もし私がアッラーとその使徒に背いたなら、あなたがたは私に従う義務はない」と。

勝谷　何というか非常に謙虚ですね。宗教的にも、社会的政治的にも、頂点に立つにもかかわらず、権力者的なところがどこにもない。

中田　まさにその通りで、カリフとは権力を持つ者ではありません。**「預言者の後継者、代理人」**という意味なのです。アラビア語で代理人をハリーファと言いますが、それがヨーロッパ語でなまって「カリフ」と言うようになったのです。

アブー・バクルは、自分は権力者などではなく、また新たな預言者でもなく、あくまで預言者の代理人に過ぎないと言ったわけです。これはイスラーム社会にとって実に重要なポイントです。つまり、新たな預言者ではないわけだから、神から新しい法を受け取ることはできません。すると**イスラームの社会は、ムハンマドの残したシャリーア（イスラーム法）に従う**ということになります。

イスラームでは神は一人、法は一つ、預言者も一人です。ですから**預言者の代理人であるカリフもまた一人です。これによって宗教的な権威と、政治的な権力が乱立することを防いでいる**のです。

勝谷　人類の歴史は王家から饅頭屋、ラーメン屋に至るまで「ウチが本家だ」「いや俺のところが元祖だ」という争いになるけれど（笑）、カリフ制はそういう人間の陥りやすい権力闘争を、システムとして律しているんだ。

中田　もう一つ大切なことは、**システムがこのようになっていますから、カリフは一人でありながら独裁制には決してなり得ない**のです。

勝谷　あくまで預言者の後継者に過ぎず、預言者そのものではないからですね。

中田　カリフは後継者ですから、神が預言者に伝えた法に従うことしかできません。新たな法を作ったり、解釈を変更したりはできません。先のアブー・バクルの発言の「私が誤りを犯せば私を正してください」「もし私がアッラーとその使徒に背いたなら、あなたがたは私に従う義務はない」という箇所がそれを的確に表しています。

勝谷　システムとして、カリフが権力を恣意的《しいてき》に運用することができない仕組みになっているということですね。

中田　ですから、カリフ制は独裁制とはまったく違うのです。

勝谷　逆に言うと、独裁者は形式上の民主制の中でも、恣意的に法律を作ったり、法解釈を変更することが可能です。ナチス・ドイツのヒトラー政権は、当時、最も民主主義的と言われたワイマール憲法下で成立した。つまりホロコースト、ユダヤ人に対して組織的に行った大量虐殺は、とても民主的に、かつ合法的に実行されたと言えるのです。

中田 そういう意味で私は、**本来のカリフ制とは、人道的な政治システムだ**と考えています。

勝谷 アブー・バクルは、なぜそのようなカリフのあり方を表明したんでしょうね？

中田 どうしてでしょうか。もともと謙虚な人柄だったのか、あるいは預言者ムハンマドの教えに忠実であろうとしたのか。私は、その両方であったのではないか、と考えています。ともあれ、結果として彼は、本当の意味での、法の支配の体現者としてのカリフを位置づけたのだと言えます。カリフとは、法の支配を保障する装置なのです。

イスラームだけが教祖の肉声を生々しく伝えることができた

中田 その後の歴史を、少し駆け足で見ていきましょう。ムハンマドの死後、内乱はあったものの、アブー・バクルの時代にはアラビア半島のアラブ人が統一されます。

アブー・バクルの死後、二代目カリフになったのがウマル・イブン・ハッターブという人です。ウマルの時代から大征服が始まります。シリアからエジプト、イラク、イランにまで兵を進めて、アラブ人が多民族を支配する帝国を築き上げたのです。

そして三代目のカリフがウスマーン・イブン・アッファーンです。この人もアブー・バクル同様、預言者ムハンマドの早い時期からの弟子です。

勝谷　ウスマーンは確か『クルアーン』を編纂した人ですね。

中田　そうです。それまでは生前ムハンマドに接した数々の弟子たちが、それぞれのやり方で伝えていたムハンマドの言葉を、ここで集めて、初めて整理して文書化したのです。

勝谷　前にうかがったように、もともとは口伝で伝えられてあったイスラームの文化が、初めて文字になって新たな文字文化を創り上げていったわけだ。

中田　実はこれ、世界の宗教史的に見ると画期的な事業なんです。仏教、キリスト教、イスラーム教を世界の三大宗教と呼びますが、**開祖の直弟子たちが存命のうちに教義が文書化されたのはイスラームだけ**なんです。

勝谷　仏教はどうでしたか？

中田　仏教の場合、「第一結集《けつじゅう》」（結集は、仏教の経・論・律をまとめるための会議。互いの記憶を確認しながら、合議のうえで仏典を編集した）と言って、釈迦の死後、直弟子たちが集まって教義と戒律を確認したと言われています。ただ、文書として記録はされませんでした。

勝谷　釈迦が文書化を許さなかった、という説がありますね。

中田　あえて文書化しなかったとも言われています。

勝谷　そうこうしているうちに、インドから中国など各地に伝播《でんぱ》してしまって、原典がどんどん曖昧《あいまい》になってしまったわけだ。

キリスト教も文字になったのはイエスが亡くなって（紀元三二年頃）ずいぶん後です。シノペのマルキオン（小アジア（現トルコ）出身のキリスト教徒）が、ローマで「聖書正典」を初めて作ったのが、確か紀元二世紀でしょう。

中田　仏教もキリスト教もそういう事情から、伝承されている教義の中で、どれが教祖の真意に近いもので、どれが後世の人の脚色によるものなのか、現在に至るまで専門家の間で議論が絶えないのは、そういう背景があるからです。

勝谷　その点、『クルアーン』は教祖の肉声がリアリティを持って残っている？

中田　仏教やキリスト教のような、解釈論争が起きる余地がありません。

宗教の巨大な力が、広大なイスラーム帝国を築き上げた

勝谷　ウスマーンの時代も『クルアーン』の編纂という学術的な発展だけでなく、領土の征服が続いたんですよね？

中田　ウマルの事業を引き継ぎ、東はアフガニスタンから西はアルジェリア、北は現在のシリアまでを征服します。ここまでが、ムハンマドの没後わずか三〇年です。

勝谷　この伝播の仕方というのは、とんでもないスピードです。今のようにインターネットなどない時代です。電話だってないし、まともな地図すらなかったであろう時代に、**た**

った三〇年で、イスラームという思想が、情報として伝わってしまった。この宗教に、どれほどの力があったかという証拠でしょう。

中田　このとき、俗にイスラーム帝国と呼ばれるイスラーム世界、「ダール・アル＝イスラーム」のほぼ原型ができあがります。「ダール・アル＝イスラーム」とは、直訳すると「イスラームの家」。前にも述べましたが、「イスラーム法が施行される空間」を意味します。

勝谷　そこで、カリフ制も確立したわけですか？

中田　ところが、ウスマーンの時代に、現在まで至る、イスラーム世界分裂の遺恨《いこん》が始まったともいえます。というのは、ウスマーンというのは、ウマイヤ家の人間だったのですね。

勝谷　後にイスラーム史上最初の世襲イスラーム王朝、ウマイヤ朝（六六一年～七五〇年）を作る人々ですね。

中田　そうなのですが、それ以前に非常にややこしい関係性があります。というのはウマイヤ家というのは、マッカに住んでいたアラブ人、クライシュ族の人々です。預言者ムハンマドもクライシュ族なのですが、ムハンマドがイスラームの布教活動を始めたとき、迫害したのも彼らなのです。『クルアーン』の中にも、クライシュ族はイスラームの最初の敵対者として出てきます。

勝谷　出る杭《くい》は打たれるというか、最初は同じ部族から批判を受けたわけだ。

中田　ウスマーン自身はウマイヤ家の親戚とは縁を切り、早くからイスラームに改宗してムハンマドらと苦楽を共にしたのですが、しかし、たとえば後にウマイヤ朝を開いたムアーウィヤという人物がいます。この人はウスマーンの又従兄弟にあたります。

勝谷　ムアーウィヤ一世。シリア総督として東ローマ帝国との戦争を指揮した人ですね。

中田　ええ。ムアーウィヤの父親アブー・スフヤーンはマッカの有力者で、最も激しくムハンマドを攻撃した人でした。

マッカがムハンマドによって征服された際に、父親のアブー・スフヤーンもムアーウィヤも、イスラームに改宗したのです。ムアーウィヤは、その後、ムハンマドの書記として大きな働きをするのですが、そもそもウマイヤ家はそういう人たちだったから、ムハンマドの親族からは信用されていないところがありました。

勝谷　急速にイスラームが広がっていった弊害なのでしょうね。

心の中のことは神にしかわからないから、相手の内心は決して問わない

中田　少し脱線しますが、**イスラーム教はプライバシーをとても重視する宗教であり、社会なのです**。マッカでは、預言者ムハンマドたちと、それを迫害する勢力が、殺すか殺されるかの争いをしていました。それが和解して、誰もがムスリムとなったのですが、内心は含むところがあったり、疑心暗鬼だった人もいたでしょう。なにしろ、つい昨日まで「ムハンマドは偽預言者だ！」と言っていた人たちが、改宗して仲間になるわけですから。

勝谷　それが普通ですね。

中田　しかし**イスラーム社会では、「実際のところお前の内心はどうなのだ？」などという追及を一切しない**のです。

勝谷　それは、どういう理由からですか？

中田　それぞれの**心の中のことは人間にはわからない。神にしかわからないと考えるから**です。

「どうやらあの男は家で隠れてお酒を飲んでいるらしい」と言って、他人を追及したり、ましてや家の中に押し入って、お酒を飲んでいるか確かめたりなどすることは赦されません。『クルアーン』には、「スパイをしてはならない」という言葉もあります。もしも隠しごとがあったとしても、それは神が隠したものなのだから、そのままにせよ、神の意のままにしておきなさい、ということなのです。

勝谷　キリスト教とは真逆ですね。聖書には「だれでも情欲をいだいて女を見る者は、すでに心の中で姦淫を犯したのです」（マタイによる福音書五章二八節）という、有名な言葉があります。中世の魔女狩りや魔女裁判なんていうのは、まさに人の心を無理やり暴く行為そのものだった。

中田　脱線ついでに言っておくと、異教徒が自分の家やホテルの部屋など、プライベートな空間でお酒を飲むのは自由です。だからといって、イスラーム圏で日本のように、公園など公共の場所でバーベキューをやってビールを飲むなんてことをすると、これは徹底的に罰せられます。

もうひとつ、異教徒でもなく無神論者で、自分は神など信じないと思っていても、それは心の中にとどめていれば、イスラーム社会でも普通に生活できます。ただし、「私は神なんて信じないぞ！」と公共の場で発言することは赦されません。

勝谷　そう言われると、フランスで起きた「シャルリー・エブド襲撃テロ事件」の背景がよくわかる。たとえフランス人が預言者をバカにしていようと、心の中にとどめておくぶんには問題ない。しかし、預言者を風刺画にするなど発表すると、ムスリムの人たちはやはり反感を覚える。

中田　フランス人は、フランス革命をはじめとした近代化の過程で、宗教と政治を分離して、そうやって生きることが理性なのだ、人間らしいことなのだ、と決めたのでしょう。ならば、自国だけで勝手にやればいい。なぜ「私たちフランス人の持っているこの価値観は普遍的なものだから、同じ人間である以上、お前たちも全部従え」と言うのか、そこが私には理解できない。

勝谷　アメリカ人もそうだ。民主主義はすばらしいものなんだから、お前たちもやれと言う。ハンバーガーみたいなジャンクフードまで、「うまいんだからお前の国でも食え」と言い始める。

中田　その点ムスリムは、異教徒に一切、干渉しません。異教徒が豚肉を食べようがお酒を飲もうが、プライベートな空間なら気にしない。イスラーム法では、ムスリムしか対象にならないからです。この考え方が根底にあるので、本書の冒頭に申し上げた、「剣かコーランか税金か」という領土の拡大ができたのです。別に「剣かコーランか」と異教徒に無理やり、改宗を強《し》いたり戦争をしかけたりはしなかった。税金さえ払えば、異教徒でも子々孫々まで永住権が得られるとしたのです。

イスラーム教のプリンスはなぜ、なかなかカリフになれなかったのか？

中田　話を歴史に戻しましょう。三代目カリフに就任すると、ウスマーンは自らの親族、ウマイヤ家の人間を重用するようになります。ウマイヤ家はムハンマドに敵対していたクライシュ族に属していたという背景がありますから、これが不信を呼びます。ウスマーン時代は、イスラーム世界が最も拡大した時代であった一方、内部混乱の時代でもありました。最終的にマディーナで反乱が起き、ウスマーンは自宅を包囲され、遂には殺害されてしまうのです。

勝谷　そして、四代目カリフ、アリー・イブン・アビー・ターリブの時代になる。

中田　アリーは、預言者ムハンマドの従兄弟です。もう少し詳しく言うと、誕生直前に父が死に、母親も幼いときに亡くなって孤児になってしまったムハマンドを育てたのが伯父のアブー・ターリブという人でした。この息子がアリーです。

勝谷　ということは、ムハンマドとアリーは、本当に子どもの頃からの付き合いで、兄弟のように育ったというわけだ。

中田　さらに後年はムハンマドの養子となり、ムハンマドの娘ファーティマを奥さんにします。ですから、当初から有力な後継者であり、熱心な支持者が数多くいたそうです。

先ほど申し上げたように、ムハンマドが亡くなったとき、そんな近い親戚だったからこそ葬儀の準備に奔走していて、後継者（初代カリフ）を選出する会議に出られなかった。そして、ここで何より大切な点は、**このアリーを支持する人々が、現在イランを中心として盛んな、シーア派の祖となる人たち**なのです。

勝谷　こうして聞いていると、アリーというのはイスラームのエリートだ。しかしなかなかカリフになれなかった。

中田　彼を支持する者たちは、アリーこそイスラームのプリンスだと信じて疑わなかった。しかし、古参幹部たちがカリフの地位をたらいまわしにしていて、なかなか出番がまわってこなかった。ウスマーンが死んで、ようやくアリーはカリフに就任したのです。

イスラームを二分するスンニ派とシーア派の争いの種はいかにしてまかれたか？

勝谷　そんなアリーというカリフの存在が、後にイスラームをスンニ派とシーア派に分けてしまう原点になるわけですね。

中田 シーアとは、アラビア語で「党派」という意味です。アリーを支持した人々は「アリーの党派」と呼ばれる集団を作りました。この党派を「シーア」と言ったことから、後にシーア派と呼ばれるようになった。ちなみにスンニ派の「スンニ」とは、預言者の慣行を意味する「スンナ」の形容詞形です。

勝谷 イスラーム教にスンニ派とシーア派があることは、日本でも知られていると思いますが、分派した原因をわかっている人は少ないと思います。そこを教えてください。

中田 ウスマーンがマディーナの反乱で殺されたとき、実はアリーもマディーナにいたのですが、なぜか助けに駆けつけなかった。これが第一の遺恨となります。もうひとつ、死刑をめぐる話の中で、人が殺された場合、刑罰をどうするかは遺族に第一の権限があると言いましたよね。

勝谷 赦すのか、死刑にするのか、賠償金を取るのか、それを決める権利は遺族にある。遺族が「殺す」と決めたら、国王でさえそれを拒むことはできないというお話でした。

中田 ところが、アリーはカリフとして、ウスマーンの仇を討つことをせず、賠償金を取る決定も下さなかった。ウスマーンの親族と言えば……。

勝谷　そうか、ウマイヤ家だ。

中田　だからウマイヤ家の人間であるシリア総督のムアーウィヤは、当然のごとくその決定に怒って不満を抱き、アリーに対して忠誠を誓うのを拒みます。

勝谷　まるで大河ドラマのような遺恨と勢力争いの歴史だ。

中田　その後、ウスマーンを殺したのはアリーの一派ではないかという疑いが向けられ、ムアーウィヤとアリーの間に戦闘が起きます。しかし、アリーの側が優勢になったため、ムアーウィヤは策略をめぐらせてアリーと和議を結びます。ところが、今度はアリーの支持者の一部が、ムアーウィヤへの徹底抗戦を唱えてアリーと決別、イスラーム史上初の分派と言われるハワーリジュ派を作るのです。まさに泥沼の内乱状態です。

カリフの地位を世襲させたことで、イスラーム帝国は王朝に変質していく

勝谷　最終的には、アリーも暗殺されてしまうのですよね。礼拝中に毒をぬられた剣で斬りつけられたとか。

中田　即死ではなかったのですが、二日後に亡くなります。そしてアリーの死後、アリーの長男であるハサンが、ムアーウィヤと手打ちをして、ムアーウィヤにカリフの地位を譲ります。これでやっとイスラームは再統一されるわけですが、その後に、また火種ができてしまいます。ムアーウィヤはカリフの地位を、次に自分の息子ヤズィードに世襲させてしまうのです。

勝谷　今までは、有力者たちの合議で決めていたカリフを、自分の意のままに息子に継がせてしまったのですか？

中田　それまでの四代のカリフ、アブー・バクル、ウマル、ウスマーン、アリーは同じクライシュ族ではありますが、家族ではありません。しかし、**ムアーウィヤは初めて、「自分の息子をカリフにする」と宣言して継がせてしまった**のです。これ以降、**カリフの地位はウマイヤ家出身者の間で世襲される**ことになります。だから、ウマイヤ朝と呼ばれるのです。

勝谷　世界史で、イスラーム帝国がそこからウマイヤ朝と呼ばれるのは、世襲によってカリフが続いていくからなんですね。つまりは王国になったんだ。

中田　私たちが知る一般的な世界史では、**ウマイヤ朝以前の四人のカリフを正統カリフと呼びます**。しかしシーア派はそうは考えない。

勝谷　それは**アリーこそ正統だと考える**からですね。

中田　預言者ムハンマドの後継者には、当然アリーがなるべきものであった。それにもかかわらず、アブー・バクル、ウマル、ウスマーンがその地位を簒奪《さんだつ》したと考えている。だからシーア派は、その三人をカリフとは呼ばず、アリーを初代イマームだと言います。イマームとは「指導者」という意味です。そして**アリーが初代のイマームなのだから、その**

地位はアリーの子孫に引き継がれたとしています。

勝谷　シーア派の人々が、アリーこそ正統とする論理は、どのようなものなんでしょうか？

中田　それは預言者ムハンマドとの、いろいろな意味での距離の近さです。ムハンマドが成人して以降は、アブー・バクルがいちばん古い弟子で近い存在ですが、アリーは幼少期からずっとムハンマドと一緒だった。しかも、血統的には従兄弟であり娘婿でもある。だから、本来の後継者はアリーであるべきだというのが、シーア派の主張です。

勝谷　気持ちはわかるけれど、カリフというのは、宗教指導者だけでなく政治家でもあるわけでしょう。しかもペルシャ人をも含めて、人種を越えた部族を束ねる役割だ。血統だけで正当性を主張するのは、北朝鮮みたいで説得力に欠ける気がする（笑）。

中田　シーア派の主張としてはもうひとつ、預言者の意向というのがあります。**ムハンマドは生前からアリーを後継者にと言っていた**のだけれど、みんなで言《げん》を左右にして、最終的には預言者の遺言を守らずに、アブー・バクルをカリフに選んでしまったというのがシーア派の言い分でした。

勝谷　アリーが若過ぎた、ということもあったんでしょうか？

中田　ムハンマドが五七〇年生まれ。アブー・バクルが三つ年下の五七三年の生まれ。ウスマーンは五七四年。アリーは六〇〇年の生まれと言いますから、ジェネレーションがだいぶ違う。ウマルは五九二年生まれと少し若いですが、それでもアリーとは八つ違う。

そしてもうひとつ、シーア派とスンニ派では、指導者に対する考え方や定義が違うのです。シーア派の思想では、本来あるべき指導者（イマーム）と、実際の権力者が違うときには、本来あるべき指導者の方が、正統性を持つという考え方です。これに対してスンニ派は、そもそも政治的な指導者とは、その性格上、権力を持っているものなので、権力を持てなければ指導者ではないと考えるのです。

勝谷　指導者に対して違う論理で捉えている。シーア派は本来的であり教条的だが、スンニ派はそれに比べて現実主義なんだ。

中田　スンニ派の考え方としては、初代カリフのアブー・バクルは人格的にも非常に立派な人だけれど、同時に政治家としても偉大であった。だから権力を持った。そしてカリフとなったのだというわけです。

二〇世紀前半まで続いたカリフ制は、いかにして途絶えてしまったのか？

勝谷　ウマイヤ朝以降、カリフは世襲されていったのですか？

中田　**ウマイヤ朝（六六一年〜七五〇年）、続くアッバース朝（七五〇年〜一二五八年）とカリフは世襲されていきました。**

特にアッバース朝では、アラブ人の特権が否定され、すべてのムスリムに平等な権利が認められて、イスラームの黄金時代とも言われます。しかし同時に、シーア派やハワーリジュ派などはカリフの権威を否定するようになり、カリフに従うのはスンニ派だけになりました。

一〇世紀前半からは、アッバース朝のカリフが、「アミール」や「スルタン」の支配権を承認することで、代わりに庇護を受け入れるだけの単なる「権威」に失墜していった。

勝谷 「アミール」「スルタン」は、イスラーム特有の称号ですね。アミールは「君主」、スルタンは「国王」とか「皇帝」とか訳される。日本で言えば、鎌倉時代から江戸時代の「天皇」に近い。天皇は宗教的権威として擁護され、実権は将軍が握ったんだ。

中田 ところが、マムルーク朝（一二五〇年〜一五一七年）がオスマン帝国（一二九九年〜一九二二年）によって滅ばされると、**カリフ制はいったん廃止されます**。

勝谷 強大な権力を持っていたオスマン帝国は、カリフの権威なんて必要ないと思ったんだろうね。

中田 まさにその通りです。ところが、一九世紀に入ってオスマン帝国の国勢が衰退し、逆にキリスト教の列強君主の力が強大になってくると、**「オスマン家の君主にはスルタンの世俗的権力とカリフの宗教的権威が兼ね備えられている」という主張、いわゆる「スルタン＝カリフ制」を強調する**ようになります。

勝谷 マムルーク朝の庇護下にあったアッバース朝の末裔《まつえい》から、オスマン家がカリフ権を譲り受けたという説がありますね。

アッバース朝のカリフ（ムスタアスィム）は、一三世紀にチンギス・カンのモンゴル帝国の戦いで敗北し、子どもらとともに処刑されてしまう。そのときマムルーク朝は生き残ったアッバース家の者を首都カイロに迎えて、独自にカリフとして擁立したんですね。

オスマン帝国のスルタンが、そのカリフ継承権を譲り受け、以後、スルタンがカリフを称するようになった、とされている。このスルタン＝カリフ制によって、途絶えたカリフがまた復活した。

中田　しかし結局、オスマン帝国の滅亡によって、オスマン家の「スルタン＝カリフ」は一九二二年に退位し、スルタン制も廃止されます。その二年後の**一九二四年、トルコ共和国初代大統領ムスタファ・ケマル・アタテュルクによってカリフ制は廃止されます**。最後のカリフはオスマン帝国の皇太子だった、アブデュルメジト二世という人です。この人は、オスマン帝国崩壊とともに国外に追放され、晩年はパリで暮らします。

勝谷　トルコ建国の父、ムスタファ・ケマル・アタテュルクの信条は「ケマル主義」とも言われますね。これは、世俗主義、民族主義、共和主義だから、カリフ制とは水と油だ。しかもアタテュルクは、大酒飲みだったとも言われている。最期は飲み過ぎの肝硬変で死んでいます。けれど国としてのトルコはそうやって西欧化することで、国を発展させたという人もいる。

中田　ともあれ、カリフ制はそこで途絶えました。これは言い換えれば、イスラーム世界における、イスラームならではの法的な考えや規範が崩壊した状態と言えます。それからもう九〇年以上たってしまっているのです。

イスラーム世界は、なぜかつてのようにひとつになれないのか？

勝谷　ここまで話を聞いてきてつくづく思うのは、**イスラーム社会というのは法と規範を何より重んじる**ということです。それを考えると、本来の姿からは遠ざかってしまったと言わざるを得ない。中田くんは、イスラーム世界がなぜこのような状態に陥ってしまったのかと考えますか？

中田　第一次世界大戦以降、**イスラーム世界は西欧列強の帝国主義政策によって植民地化**

され、分割された。植民地化された地域の多くはその後独立しましたが、**ヨーロッパ型の「領域国民国家」の枠組みに押し込まれてしまった。**つまり**「ダール・アル＝イスラーム」の本来の姿が失われたから**でしょう。

勝谷　だとすれば、なぜその現状を大きな理想に向かって改めようとしないのか、私のような門外漢には、その理由がどうにもわからない。かつてのイスラーム帝国のような巨大国家ではなく、イスラームがヨーロッパのＥＵのような共同体を作るのは、決して理想論ではないような気がする。

中田　まさに、イスラーム諸国間で経済上の相互協力や相互補完が行われれば、多くのムスリムたちが今より幸福になれる。少なくとも、現在のように住む家もなく今日食べるものもないという人は減るでしょう。サウジアラビアの富とスーダンの労働力及び潜在的な農業生産力が合体すれば、成功間違いなしの巨大な農業が生まれるでしょうし、湾岸諸国の投資とエジプトの技術及び人口が合わされば、有望な製造業が誕生するのは間違いないはずです。

勝谷　にもかかわらず、**イスラーム諸国はなぜ手を結ぼうとしないのか？**

中田　簡単なことです。そうしたくない人々がいるからです。

勝谷　アラブの大金持ちや支配層のことですか？

中田　民衆のレベルでは、民族や国家を越えたイスラームの同胞主義や親族の関係、国境を越えて共有されるイスラーム学、交易などのネットワークに支えられたイスラーム世界統一への志向性は確実に存在します。

勝谷　ネットワークという意味では、このインターネット時代には意思の疎通はたやすい。イスラーム国がその悪い例だけれど。

中田　ところが、支配層に関しては、たとえばＯＩＣ（イスラーム協力機構）という団体があります。

勝谷　アジアで言えばＡＳＥＡＮ（東南アジア諸国連合）みたいなものですよね。

中田　一見そう見えますが、内実はまったく違います。ＯＩＣとは、一九五〇年代以降、旧ソ連を後ろ盾に台頭したアラブ社会主義に対抗して、湾岸の王制諸国が連帯して作った組織なのです。

勝谷　出目からしてブルジョワ的な連中ですね。

中田　だから、名目上は「相互に主権を尊重する」という美名を掲げていますが、要は「互いの縄張りは侵さない」という紳士協定の下、イスラーム世界の再統合を阻止して、現在の分裂状態を固定化し、既得権を守るためのカルテルとなっている。

勝谷　そうなってくると、中田考の提唱するカリフ制再興なんて、彼らにとっては迷惑きわまりない。

中田　ですから私は、日本にいてこの論を主張しているわけです。アラブ諸国でそんなことを言ったら、殺されてしまいます（笑）。

カリフ制が再興されたら、世界はどう変わるのだろう？

勝谷　もしもカリフ制が再興されて、ゆるやかな形であっても再び「ダール・アル＝イスラーム」が形作られたら、何がどう変わるのでしょうか？

中田　日本では、しばらく前からＴＰＰ（環太平洋戦略的経済連携協定）が議論されています。加盟国間の関税をできるだけなくそうという協定ですが、アメリカの思惑が見え隠れしていますから、諸手を挙げて賛成するのは難しいし、日本国内にも議論がある。だけど、関税がなくなるのは、イスラーム法的には問題がありません。

勝谷　それはどういう理由で？

中田　**イスラームは、自由の宗教なので、禁じられていないことはすべて許されます。**貿易は許された行為ですから、イスラーム圏では関税が撤廃されれば、経済格差が減少するでしょうね。

勝谷　もともと遊牧民の宗教だから、資本と商品の移動は自由なんですね。ムハンマドからして行商人で、シリアへの隊商交易に従事したくらいだから。

中田　それ以上に、自然権的な意味で認められるべきなのは、まず人間の移動です。**人間の移動が認められないのは、領域国民国家による一方的な自然権の剝奪**だと私は考えています。そして領域国民国家とは、国境によって人間の自由な移動を制限することで成り立っているのです。

勝谷　何度も話に出てきました。遊牧民であるムスリムには国境という概念がない。

中田　現在のシリアにしても、**いつでも国境が開き人間が移動できる状態になっていれば、アサド政権の統治下に住みたくない人は出ていけばいい**。北朝鮮にいたくない人も、中国にいたくない人も、本来なら出ていっていいはずです。そうすれば戦争は起きないし、国民を大事にしない国家は、人々が流出することで自然に淘汰《とうた》されるでしょう。国境の出入りを自由にするだけで、これらのことが可能になるのです。

勝谷　それは一見ユートピア思想のように聞こえるかもしれないけれど、実際問題、シリアには三〇〇万人の難民がいて、どこにも受け入れてもらえず飢えて苦しんでいる現実がある。

中田　カリフ制とはその根本を言えば法の支配、正確を期せば**自然法による支配**です。**すべての人間が法に従って生きることこそが望ましい**。国境を区切って他国民を入れさせないなんていうのは、まさに自然法に背く行為です。人間が人間を支配する統治になっている。

勝谷　神の下に人間は平等なのだから、人間が人間を支配するようなことがあってはならない。人間は神の作った法に従って生きるべきだ。

中田　そもそも、人間が人間を支配すること自体、決してあってはなりません。だから支配する人間などいないに越したことはない。

ただ、ムスリム同士でもときに意見が分かれることはあります。そうなると誰かが調整役となって不満な者には我慢してもらう必要がある。けれども、そういう人間は少なければ少ないほどいい。数が少ないほどいいので、最少の一人まで減らそうというのがカリフ制の考え方です。

つまり、たくさんの支配者を出さないためにたった一人のカリフを選ぶ。それぞれの国家の既得権ばかりが主張されないように、法の一体化を守る。そのための存在がカリフなのです。

勝谷　君の考えが一日も早く実現することを僕も願っているよ。今日は本当に面白かった。ありがとう。

日本でいちばんイスラームを知っている中田考先生に、
灘高で同級の勝谷誠彦が教えてもらった！

日本一わかりやすい イスラーム講座

発行日　2015年9月3日　第1刷

著者　勝谷誠彦　中田考

構成　東良美季
デザイン　菊池崇＋櫻井淳志（ドットスタジオ）
撮影　塔下智士、東良美季
編集協力　正木誠一
校正　中山祐子

編集担当　高橋克佳、小林英史
営業担当　増尾友裕
営業　丸山敏生、熊切絵理、石井耕平、菊池えりか、伊藤玲奈、綱脇愛、櫻井恵子、吉村寿美子、田邊曜子、矢橋寛子、大村かおり、高垣真美、高垣知子、柏原由美、菊山清佳、大原桂子、矢部愛、寺内未来子
プロモーション　山田美恵、浦野稚加
編集　柿内尚文、杉浦博道、伊藤洋次、舘瑞恵、栗田亘、片山緑、森川華山
編集総務　鵜飼美南子、髙山紗耶子、高橋美幸
メディア開発　中原昌志
講演事業　斎藤和佳、高間裕子
マネジメント　坂下毅
発行人　高橋克佳

発行所　株式会社アスコム

〒105-0002
東京都港区愛宕1-1-11　虎ノ門八東ビル
編集部　TEL：03-5425-6627
営業部　TEL：03-5425-6626　FAX：03-5425-6770

印刷・製本　株式会社光邦

Printed in Japan ISBN 978-4-7762-0872-3